ITALIAN VOCABULARY

A COMPLETE LEARNING TOOL

Series Editor: Rosi McNab

Language Editor: Vittoria Bowles Protej

TEACH YOURSELF BOOKS

Long-renowned as the authoritative source for self-guided learning – with more than 30 million copies sold worldwide – the Teach Yourself series includes over 200 titles in the fields of languages, crafts, hobbies, sports, and other leisure activities.

British Library Cataloguing in Publication Data
A catalogue record for this title is available from the British Library

Library of Congress Catalog Card Number: 95-71313

First published in UK 1996 by Hodder Headline Plc, 338 Euston Road, London NW1 3BH

First published in US 1996 by NTC Publishing Group, 4255 West Touhy Avenue, Lincolnwood (Chicago), Illinois 60646 – 1975 USA

Typeset by Transet Ltd, Coventry.
Printed in England by Cox & Wyman Ltd, Reading, Berkshire.

Impression number   10 9 8 7 6 5 4 3 2 1
Year   1999 1998 1997 1996

INDICE
CONTENTS

Contents

INTRODUCTION

The *Teach Yourself Vocabulary* books are reference books of key language vocabulary for the language student, business traveller and holidaymaker. They can be used:

- as a quick reference to find key words in a specific area, and
- to increase your word power by building up a stock of new vocabulary.

How to use the book

Vocabulary learning
Follow the simple suggestions to help you to increase your vocabulary. There are also games and puzzles to make learning more fun.

How can I learn better?

Most people complain of having a poor memory. They say they are no good at learning a language because they can't remember the words, but few people have difficulty in remembering things which really interest them: the names of members of a football team, the parts of a car, what happened in the last episode of a favourite radio or TV series, the ingredients in a recipe . . . !

How can you make learning a list of words more interesting?

1 First YOU decide which list you are going to learn today.

2 Then YOU decide which words in that list you want to try to learn.
Mark each word. (Put a mark beside each word you have chosen.)
Count them. (How many are you going to try to learn?)
Underline the first letter of each word. (What letters do they begin with?)

Now you are ready to begin.

Introduction

3 Say the words ALOUD. If you put your hands over your ears whilst you read them it will cut out extraneous noise; this can help you to concentrate by reflecting the sound of your voice and helping you to hear what you sound like.

4 Next look for ways to remember them. Do you know how YOU remember words best? Try this quick test to find out:

Look at the grids for one minute, then cover them up and try to remember as many words or pictures as possible.

horse	gate	banana	letter
bread	bottle	book	plane
shoe	scarf	knife	cup

Close the book and write down a list of the words you remember.

Have you remembered more words or more pictures?

● **Words** If you have remembered more of the words than of the pictures, you have a preference for memorising the written word and you may find it helpful to write down the words you are learning.

● **Pictures** If you have remembered more pictures, this shows you have a more visual memory. You will probably find it helpful to 'tie' in the words you learn to a picture.

You didn't remember many at all! Try again:

Words
There are four words which begin with b: ba. . . ; boo. . .; bo. . .; b. . . (you can eat two of them).
There is one word for each of these initial sounds: c. . .; g. . .; h. . .; k. . .; l. . .; pl. . . Two words begin with s: sc. . .; sh. . . (and you can wear them both).

Introduction

Pictures
Imagine a composite picture. Imagine a boat; 'put' the elephant, eating an apple, sitting on a chair in the boat. 'Put' the tap on the front of the boat to let the water out. (5 words.) Look through the window at a Christmas tree, 'hang' a mini-bicycle, the flower and the clock in the tree like Christmas decorations. Now put the light bulb on the top. (6 words.) What have you got left? The gloves. Put them on to keep your hands warm!

Now how many can you remember?
Which do you remember better, the words, the pictures or a bit of both? Try again in five minutes . . . and in half an hour . . . and tomorrow. Now you should know how you prefer to learn!

Below is a list of twelve words. Choose six of them to learn.

bridge	**ponte**
bus stop	**fermata dell'autobus**
car park	**parcheggio**
corner	**angolo**
crossroads	**incrocio**
level crossing	**passaggio a livello**
one-way street	**senso unico**
pedestrian area	**zona pedonale**
road	**strada**
station	**stazione**
traffic lights	**semaforo**
tram	**tram**

1 Put a **M**ark beside the words you would like to learn.
  Count them. (Choose six to try.)
  Underline the first letter of each word.

2 Read them aloud. (Put your hands over your ears whilst you do it.)

3 Try it again, until you are happy with the sound of them.

4 Look at each word carefully for ways to remember it. Find 'pegs' to hang them on.

  ● Does it sound like the English word? (tram – *tram*)
  ● Does it sound like a different English word? (semaforo – sounds like *semaphore*)

- Does part of it look like the English word? (fermata dell'auto<u>bus</u>)
- Can you split it up into any bits you recognise? (parc – *park*)
- Can you find any word that might be helpful? (angolo – connected to angular/angle)
- Can you see a picture of each word, as you say it?
- Can you picture it as it sounds? (semaforo – a set of flags signalling)
- Can you build all the words into an imaginary composite picture?

Say each word as you 'add' it to the picture, for example:
strada, incrocio, semaforo, ponte . . .

5 Cover up the English and try to remember what your chosen words mean.

6 Write a list of the first letters and put dashes for the missing letters. Which did you choose? Mark them:

✓ s_____ – *traffic lights* (semaphore)
  p_____ a l_____ – *level crossing* (level passage)
  s_____ – *station* (t=z)
✓ p____ – *bridge* (pontoon)
  f_____ d___' a_____ – *bus stop* (firm as in fixed, not moving)
  a_____ – *corner* (angular)
✓ s____ u____ – *one-way street* (unique sense)
  z___ p_____ – *pedestrian area* (pedestrian zona)
  i_____ – *crossing* (in + crosses = incroci)
  p_____ – *car park* (first three letters as in park)
  s_____ – *street* (first three letters as English)
  t___ – *tram*

and try to 'read' the words.

7 Fill in the missing letters and check that you have got them right.

8 Cover up the Italian and see if you can remember the words you have chosen.

9 Do something else for half an hour!

10 Go back and check that you can still remember the six you chose.

   e.g. traffic lights   semaforo
        level crossing   p_____ a l_____

station	s_____
bridge	p_____
bus stop	f_____ d___, a_____
corner	a_____
one-way street	s_____
pedestrian area	z___ p_____
crossing	i_____
car park	p_____
street	s_____
tram .	t___

Tips   Looking for short cuts

What do you know already?

Does it *sound* like the English word or a related word?

> The German word for chair is **Stuhl** – it sounds like stool!
> The Italian word for castle is **castello** – it sounds similar to the English
> The French word for house is **maison** – it sounds a bit like mansion
> The Spanish word for square is **plaza** – it sounds a bit like place

Does it *look* like the English word or a related word?

> The German word for car is **Wagen** – it looks a bit like wagon
> The Italian word for blue is **azzurro** – it looks like azure
> The French word for red is **rouge** – as in rouge make-up
> The Spanish word for garden is **jardín** – it looks a bit like the English

Look for words that are similar to the English ones, for example:

Giornale is the Italian word for newspaper. It sounds like the English word *journal*.

Giorno means *day* in Itialian so **giornale** really means *daily*. (You already know the expression **Buongiorno** – *Good day*). Now you have remembered two words – **giorno** – *day*; **giornale** – *newspaper*.

Words that are related to words you already know
A brief look at some of the other European languages may help you to recognise patterns. This will help you to deduce the meaning of new words so that you can learn them more quickly:

Introduction

	German	French	Italian	related English word
brother	Bruder	frère	fratello	fraternity
flower	Blumen	fleur	flora	bloom/floral
foot	Fuß (Fuss)	pied	piede	pedal
grass	Gras	herbe	erba	herb
hunger	Hunger	faim	fame	famished
iron	Eisen	fer	ferro	ferrous (Fe)
man	Mann	homme	uomo	human
meat	Fleisch	viande	carne	carnivorous/flesh
water	Wasser	eau	acqua	aquarium

English is a particularly rich language with words from many sources. Some of the words we use are of northern origin (from the ancient Anglo-Saxon and Nordic languages) and some from a southern origin (from Latin, French and the Celtic languages) as well as many words brought back by the early travellers from all round the globe.

For example: *foot* is from the Teutonic or northern languages, and *pedal* is from the Romance or southern languages.

Similarly, *brother* is more like the German word **Bruder** but you can see the connection with the Italian **fratello** in words like *fraternity – brotherhood*.

See if you can find words which relate to these words:

	Italian	French	related English word
body	corpo	corps	*corps*
dress	abito	robe	*robe*
earth	terra	terre	*terrain*
horse	cavallo	cheval	
moon	luna	lune	*lunar*
night	notte	nuit	
room	camera	chambre	*chamber room*
sea	mare	mer	*mermaid*
tooth	dente	dent	*dentist*
wall	muro	mur	*mural*

(cavalry chamber corporation corpse dentist habit lunar marine mermaid mural nocturnal robe vest terrestrial)

Can you find any more related words?

Introduction

Short cuts   Looking for patterns

Consonant changes
- The English *ph* is **f** in Italian:

phase	fase	*photo*	foto
telephone	telefono	*physics*	fisica
phenomenon	fenomeno	*phobia*	fobia

- ct and pt will often become **tt**

viaduct viadotto		*adapt* adattare
victory vittoria		*adopt* adottare
tractor trattore		*contract* contratto

Prefixes
- **ri-** at the beginning of a word, similar to the English *re-* often gives a sense of 'again': **ricominciare** – restart, **ricostruire** – rebuild

- **-s** often gives verbs, adjectives and nouns an opposite meaning:
fiorire (*to blossom / to bloom*) – sfiorire (*to wither*)
contento (*happy*) – scontento (*unhappy*)
fiducia (*trust*) – sfiducia (*distrust*)

- **in-** like the English *dis-* or *un-* gives a *not* value and it is placed mainly in front of adjectives:
abile (*able*) – inabile (*unable*)   fedele (*faithful*) – infedele (*unfaithful*)

Suffixes
- *-tion* at the end of the word in English often becomes **-zione**:
station – **stazione**   promotion – **promozione**
correction – **correzione**
information – **informazione**   emotion – **emozione**
competition – **competizione**

- *-ly* at the end of a word often becomes **-mente**
slowly – **lentamente**   quickly – **velocemente**   badly – **malamente**

- *-ctor* will often become **-ttore**
actor – **attore**   reactor – **reattore**   instructor – **istruttore**

- Words ending in *-y* often correspond to Italian words ending in **-à** or **-ia**
activity – **attività**   dignity – **dignità**   formality – **formalità**
pharmacy – **farmacia**   history – **storia**   geography – **geografia**

Introduction

Word building

Make a list of all the Italian words you already know, **opera**, **spaghetti**, **vino**, etc., and others that you have learnt so far from these pages. See if you can add to it each day.

There are a lot of Italian words which are similar to English except for a final vowel added at the end. Can you recognise them?

artista, calmo, cereale, classe, concerto, cordiale, evento, forma, generale, importante, lista, moderno, monumento, musica, periodo, persona, pianista, porto, poeta, problema, regione, spirito . . .

Another group are similar to English words which end in a silent *-e*. In these cases the silent *-e* is replaced by a vowel which is pronounced:

data – *date*   fortunato – *fortunate*   guida – *guide*   rosa – *rose*
pipa – *pipe*   stato – *state*   statua – *statue*   statuto – *statute*
uso – *use*   vaso – *vase* . . .

Some Italian words have minor differences in spelling from their English equivalents. See how many of them you recognise:

articolo, centro, colore, dentista, eco, famoso, generoso, madre, intelligente, letteratura, notorio, obeso, programma, qualità, scuola, tenore, turista . . .

Many musical terms have come into English from the Italian language:

adagio, allegro, basso, contralto, soprano, fortissimo, opera, pianissimo, primadonna, sonata.

You will surely be able to think of more.

You can easily recognise some of the verbs since only the endings are different:

arrivare, confessare, costare, conversare, decidere, differire, dividere, informare, preparare . . .

There are quite a few English words which are now commonly used by Italian business people: marketing assistant, meeting, training, budget, target, turnover, network, computer and much of the vocabulary related to information technology. Many others, like fan,

Introduction

star, weekend, jogging, football, baby-sitter, establishment, radar, mass media and shopping are used by everybody.

Notes on pronunciation

Italian is always pronounced as it is spelt. Once you have learnt the following rules relating to how the letters and vowels sound you will find the pronunciation of every new word straightforward.

It should be noted that, with very few exceptions, all true Italian words end in a vowel and that all vowels must be pronounced – including an *e* when it occurs at the end of a word.

The English sounds given as a guide are those used in standard southern English.

Notes: (1) The distinctions made between the pronunciation of *e* and *i* are subject to regional variations. (2) Attention should be given principally to the pronunciation of the *c*, *g*, *ch*, *gh*, and *sc*. In order to remember these sounds try to keep in mind one word that you already know as a 'pattern': **ciao**, for example, or **cioccolata** (the *c* pronounced as in chocolate) will remind you how to pronounce *c* followed by *i*. In the same way **spaghetti** will remind you of the rule of *g* followed by *h* (see Consonants, below).

Vowels

a	as the *a* in *bath*	casa, artista
e	has two sounds:	
	as the *e* in *well*	bello, vento
	as the *e* in *they*	verde, penna
i	as the *i* in *machine*	lira, pizza
o	has two sounds:	
	as the *o* in *not*	posta, opera
	as the *o* in *nought*	totale, somma
u	as the *u* in *rule*	turista, luna

Consonants

c   has two sounds:

    before *e* or *i* it is pronounced 'soft' as *ch* in *chilly*

        cena, ciao

before *h*, *a*, *o*, or *u* is pronounced 'hard' as the *ch* in *chemist*
                    chiave, cosa, scusi

g   has two sounds:
      before *e* or *i* is pronounced 'soft' as the *g* in *gentle*
                    gentile, giardino
      before *h*, *a*, *o*, or *u* is pronounced 'hard' as the *g* in *garden*
                    gondola, spaghetti

h   is never pronounced. When it comes after *c* and *g* it gives them a
      'hard' sound (see letters *c* and *g* above): chiesa, spaghetti
r   is always rolled, as it is in Scotland: carne, raro
s   has two sounds:
            as the *s* in *set*   sicuro, sì
            as *se* in *rose*   rosa, musica
z   has two sounds:
            as the *ts* in *pets*   grazie, stazione
            as the *tz* in *tzar*   zero, zona

Double consonants
These are pronounced as the single consonant but with a slightly longer sound.

Combined letters
ch   as the *ch* in *architect*   chiave
gh   as the *g* in *get*   spaghetti
gli as the *lli* in *million*   gigli
gn   as the *ni* in *onion*   bagno, signora
qu   as the *qu* in *quality*   quando, quadro
sc   when followed by *e* or *i* is pronounced *sh* as in *shoe*
                    scialle, scena
sc   when followed by *h*, *a*, *o*, or *u* is pronounced *sk* as in *sky*
                    scuola, scolaro

The Italian alphabet has only 21 letters, given here with their names in brackets.

a	(a)	h	(acca)	q	(cu)
b	(bi)	i	(i)	r	(erre)
c	(ci)	l	(elle)	s	(esse)
d	(di)	m	(emme)	t	(ti)

Introduction

e (e)	n (enne)	u (u)
f (effe)	o (o)	v (vi)
g (gi)	p (pi)	z (zeta)

The letters *j* (i lungo), *k* (cappa), *w* (vi doppio), *x* (ics) and y (ipsilon) are seldom used except for words of foreign origin such as **xenofobia**, **youghurt**, **yoga**.

Stress

Many words consist of two or more syllables joined together, for example *bi-cy-cle*. When you pronounce a word you put stress on, i.e. you emphasise, a particular syllable of the word. ***Bi*-*cy-cle***, for instance, is stressed on the first syllable and sounds very odd if the stress is wrongly placed.

Getting the stress in the right place is an important aspect of making yourself understood in a foreign language, but it is relatively easy in Italian, as most Italian words are stressed on the syllable before last: bi-ci-**clet**-ta. When the stress falls on the last syllable an accent is placed above it: citt**à**, qualit**à**, lune**dì**.

Sometimes the stress falls on a syllable nearer the beginning of the word and as there is no fixed rule for these words you will have to memorise their pronunciation. To help you, in this book, such syllables are indicated by having their vowels shown in bold type, thus: **zu**cchero, **ta**vola.

Word endings composed of *i* + another vowel (*-ia*, *-ie*, *-ii*, *-io*, *-iu*) are considered as one syllable if there is a preceding syllable:

> g**a**bbia m**e**dio v**e**cchie uff**i**cio febbr**a**io b**u**io

Where there is no preceding syllable, the *i* takes the stress:

> z**i**o tr**i**o m**i**a

For all words following these rules, no bold is used in the following pages to show stress. Bold is used only to show a stress which does not follow these rules, for example:

> fotograf**i**a st**a**ntio allegr**i**a

Introduction

Some advice on pronunciation

If you find some difficulty in pronouncing a word, try to relax as much as possible (particularly the facial muscles) and try to divide it into syllables: thus, **cameriere** (*waiter*) will become ca-me-rie-re. However, it is not vital that you acquire perfect pronunciation immediately. The aim is to be understood. Here are a number of techniques for learning pronunciation:

1 Listen carefully to cassettes, such as those accompanying the *Teach Yourself Beginner's Italian* book, and to native speakers or teachers. If possible repeat the dialogues aloud, pretending that you are a native speaker of Italian.

2 Record your voice and compare your pronunciation with examples spoken by native Italians.

3 If possible, ask native speakers to listen to your pronunciation and tell you how to improve it.

4 Make a list of words that give you pronunciation problems and practise them.

5 Practise the sounds on their own and then use them progressively in words, sentences and tongue-twisters such as **tre tigri contro tre tigri** ... *three tigers against three tigers!*

Sostantivi – *Nouns*

The names of things and creatures are called nouns. In Italian nouns are either masculine or feminine.

Most nouns ending in -o are masculine (e.g. treno) while those ending in -a are feminine (e.g. strada). Nouns ending in -e can be either masculine or feminine: e.g. ponte is masculine, stazione is feminine. Unfortunately there is no rule by which the gender of nouns ending in -e can be recognised – they have to be learnt!

Genders are given in brackets (m.) or (f.) in this book, wherever they are not obvious. In English most nouns acquire an -s in the plural. In Italian the final -o becomes -i in the masculine plural (treni) while -a becomes -e in the feminine plural (strade). Nouns ending in -e take -i in the plural (ponti, stazioni).

Introduction

Nouns ending with an accented vowel such as città, *city*, do not change in the plural.

Generally nouns ending in -co, -go, -ca and -ga form their plurals with -chi, -ghi, -che and -ghe respectively: fungo → funghi, banca → banche.

A few masculine nouns which end in -ico take -ici in their plurals: amico → amici, medico → medici.

Articoli – *Articles*

un, uno, una, un'	*a; an* (indefinite article)
il, lo, l', la, i, gli, le	*the* (definite article)

a; an   un   before a masculine noun;

            uno   before a masculine noun starting with -s followed by a consonant; or starting with gn-, ps-, pn-, x-, or z-;

            una   before a feminine noun;

            un'   before a feminine noun starting with a vowel (a-, e-, i-, o-, u-).

            un signore, uno studente, una casa, un'arancia

the (singular)

          il   before a masculine singular noun;

          lo   before a masculine singular noun starting with -s followed by a consonant; or starting with gn-, pn-, ps-, x-, or z-;

          la   before a feminine singular noun;

          l'   before a vowel (masculine or feminine).

          il libro, lo studente, lo psicologo, lo zero, la mamma, l'aereo, l'arancia.

the (plural)

          i   before a masculine plural noun;

          gli   before a masculine plural noun starting with -s followed by a consonant; or starting with a vowel; or starting with gn-, pn-, -s-, x-, or z-;

          le   before a feminine plural noun.

          i libri, gli studenti, gli aerei, gli psicologi, gli zeri, le mamme, le arance.

Introduction

Note: There are occasions when the definite article is not required in the construction of a sentence.

ADESSO TOCCA A TE! Now it's your turn!

● *1: Practise aloud the names of the places below and check on the map below to see where they are:*

Aosta	Ancona	Torino	Perugia
Genova	L'Aquila	Milano	Roma
Trento	Napoli	Trieste	Bari
Venezia	Potenza	Bologna	Catanzaro
Firenze	Palermo	Pisa	Capri
Siena	Ischia	Cagliari	San Gimignano

Introduction

● 2: Can you find the names of the seven Italian towns or cities from the numbers below? Each number represents the same letter each time it is used. Here are two clues: 16 = Z and one of the cities is **La capitale italiana.**

(a) 1___ 2___ 3___ 4___ 5___ 6___
(b) 7___ 2___ 8___ 9___ 1___ 10___ 6___
(c) 7___ 6___ 11___ 2___ 8___ 12___ 4___
(d) 7___ 10___ 13___ 6___
(e) 14___ 6___ 15___ 6___ 3___ 16___ 6___ 8___ 4___
(f) 8___ 4___ 12___ 6___
(g) 5___ 2___ 3___ 2___ 16___ 10___ 6___

Remember

Most people make the excuse that they are no good at learning words as they have a poor memory. There is nothing wrong with your memory, but it often lacks the guidance and focus it needs. In learning words from a list the learner has not yet decided when he or she is going to use them. There is no immediate goal.

To learn with least effort you need to choose clear goals:

A I want to use the language to communicate with other speakers of that language:

   (i)   on a business trip
   (ii) on a holiday trip
   (iii) on a social visit
   (iv) at home, for business reasons
   (v) because I know someone I would like to talk to or write to.

B I want to be able to understand the language to:

   (i)   read something in that language for pleasure – books, magazines, letters etc.
   (ii) read something for business – manuals, letters, faxes etc.
   (iii) listen to the radio
   (iv) watch television programmes
   (v) read signs and instructions on a visit.

C I just enjoy learning languages.

Introduction

You should choose the words and phrases which you are going to learn and focus on them and their meaning. To help you put them in your long-term memory, concentrate on them and think about their meaning and remember their sounds; look for 'pegs' on which to hang them (look for related words and imagine them in pictures, etc.). Above all, make sure that you *use* them!!

How many of the picture words can you still remember . . . and how many of the written words?

The following abbreviations are used in this book:

(m.) = masculine	(fam.) = familiar
(f.) = feminine	(form.) = formal
(sing.) = singular	(pron.) = pronounced
(pl.) = plural	(equiv.) = equivalent

1 I Saluti *Greetings*

Buongiorno	*Good morning;*	Buona notte	*Goodnight*
	good day	Ciao	*Hello; goodbye*
Buongiorno	*Good afternoon*	Salve	*Hi!*
Buonasera	*Good evening*		

Note: **Buon pomeriggio**, *Good afternoon*, is mainly used by announcers on radio or TV. Normally **Buongiorno** is used until about 3pm after which **Buonasera** takes over. **Ciao** means both *hello* and *goodbye* and it is ONLY used with close friends, members of one's family and children. **Buongiorno** and **Buonasera** are used in all other cases, both when meeting and when leaving people.

ADESSO TOCCA A TE!

● *1: What would you say?*

Titles take the article when referring to someone: **il signor Rossi**, **l'avvocato Neri**, but not when addressing someone directly: **Signora!**

I Titoli *Titles*

il signor . . .	*Mr . . .*	il professore	*professor*
la signora . . .	*Mrs . . .*	la professoressa	*professor (woman)*
la signorina . . .	*Miss . . .*	signore	*Sir, gentleman*
		signora	*Madam, lady*
il dottore	*doctor*	l'ingegnere	*graduate engineer*
la dottoressa	*doctor (woman)*	l'avvocato	*lawyer*
		l'avvocatessa	*lawyer (woman)*
		l'architetto	*architect*

Notes:

● Signore, professore, dottore and ingegnere drop the final -e before the name: **Ingegner Rossi**.

● When Italians are formally addressing someone who holds a degree, particularly when met in their official capacity, they use either the surname preceded by the title or just the title: **Buonasera, dottor Bianchi. Buongiorno, Avvocato.**

ADESSO TOCCA A TE!

● *2: What would you say?*

Good morning . . .   **Buongiorno . . .**

2 I Numeri *Numbers*

I Numeri cardinali
Cardinal numbers

0	zero
1	uno
2	due
3	tre
4	quattro
5	cinque
6	sei
7	sette
8	otto
9	nove
10	dieci
11	undici
12	dodici
13	tredici
14	quattordici
15	quindici
16	sedici
17	diciassette
18	diciotto
19	diciannove
20	venti
21	ventuno
22	ventidue
23	ventitré
24	ventiquattro
25	venticinque
26	ventisei
27	ventisette
28	ventotto
29	ventinove
30	trenta
31	trentuno
40	quaranta
50	cinquanta
60	sessanta
70	settanta
80	ottanta
90	novanta
100	cento

200	duecento
1,000	mille
2,000	duemila
1,000,000	un milione
1,000,000,000	un miliardo

Notes:
- Zero, nought and 0 in telephone numbers are all translated by **zero**.
- To form all other numbers combine the thousands, hundreds, tens and units, etc.:

346	**trecentoquarantasei**
598	**cinquecentonovantotto**
2003	**duemilatré**

- The final vowel of the tens is omitted before **uno** and **otto**: **ventuno, ventotto**.
- Before **cento** and **mille**, **uno** is not required.
- **Mille**, *One thousand*, becomes **mila** in the plural.
- The decimal point is indicated by a comma: 1,5 – **uno virgola** (*comma*) **cinque**.
- A dot is used to group the figures in large numbers into threes: 123.456.789

I numeri ordinali
Ordinal numbers

il primo	*first*
il secondo	*second*
il terzo	*third*
il quarto	*fourth*
il quinto	*fifth*
il sesto	*sixth*
il settimo	*seventh*
l'ottavo	*eighth*
il nono	*ninth*
il decimo	*tenth*
il undicesimo	*eleventh*

2 I Numeri *Numbers*

Note: The endings of ordinal numbers vary according to the number and gender of the noun they qualify (-o, -a, -i, -e). E.g. **il primo treno**, **la prima strada**, **i primi numeri**, **le prime volte**.

From eleven onwards ordinal numbers are formed by dropping the final vowel of the cardinal number and adding **-esimo**.

Fractions *Fractions*

un quarto	*a quarter*
mezzo	*half*
tre quarti	*three quarters*
un terzo	*one third*

La frequenza *Frequency*

una volta	*once*
due volte	*twice*
tre volte	*three times*

ADESSO TOCCA A TE!

● *1: Practise reading aloud the telephone numbers and codes:*

Il prefisso per l'Italia è 00 39   *The code for Italy is 0039*
(zero zero trentanove)

la Francia è 00 33	*France is 0033*	Parigi è 00 33 1	*Paris is 00331*
la Germania è 00 49	*Germany is 0049*	Berlino è 30	*Berlin is 30*
la Gran Bretagna è 00 44	*Great Britain is 0044*	Madrid è 1	*Madrid is 1*
Roma è (0) 6	*Rome is (0) 6*		

● *2: Write and then read aloud these years, for example:*

1975: millenovecentosettantacinque
1998   1996   1984   1066   2025

Add important dates in your own life and practise saying them (e.g. your year of birth, the year you started school, etc.)

● *3: The Big Race: Where did they come?*

Francesca   Claudia   Vittoria

20

3 Il Calendario *The Calendar*

il giorno	*day*
la giornata	*day* (the 'span' of the day during which something takes place)
la settimana	*week*
il mese	*month*
l'anno	*year*
l'anno bisestile	*leap year*
la settimana prossima	*next week*
l'anno scorso	*last year*

I giorni della settimana
The days of the week

lunedì	*Monday*
martedì	*Tuesday*
mercoledì	*Wednesday*
giovedì	*Thursday*
venerdì	*Friday*
sabato	*Saturday*
domenica	*Sunday*

Note: the first letter is not capitalised. With the days of the week, *on* (*on Sunday*) is not translated. The definite article is used to indicate recurrence, e.g. *on Mondays* is **il lunedì**. In this case the days all take **il** except for **domenica** which, being feminine, takes **la**.

il mattino; la mattina	*morning*
mezzogiorno	*midday*
mezzanotte	*midnight*
il pomeriggio	*afternoon*
la sera	*evening*
la notte	*night*
l'altro ieri	*the day before yesterday*

ieri	*yesterday*
oggi	*today*
domani	*tomorrow*
dopodomani	*the day after tomorrow*

ieri pomeriggio	*yesterday afternoon*
questa mattina	*this morning*
domani sera	*tomorrow evening*
il fine settimana	*weekend*

I mesi *The months*

gennaio	*January*
febbraio	*February*
marzo	*March*
aprile	*April*
maggio	*May*
giugno	*June*
luglio	*July*
agosto	*August*
settembre	*September*
ottobre	*October*
novembre	*November*
dicembre	*December*

Le date *Dates*

Ordinal numbers are used only for the first day of the month:
il primo gennaio *1st January*
il primo marzo *1st March*
otherwise use cardinal numbers preceded by the article:
il due febbraio *2nd February*
il venti aprile *20th April*

When writing a date at the top of a letter the article (**il**) is not necessary.

The word *on* is not translated:
il primo gennaio *on the first of January*

3 Il Calendario *The Calendar*

Le quattro stagioni e i giorni festivi *The four seasons and public holidays*

(in) primavera	*(in) spring*
(in) estate (m.)	*(in) summer*
(in) autunno	*(in) autumn*
(in) inverno	*(in) winter*

il Natale	*Christmas*
il giorno di Santo Stefano	*Boxing Day*
la notte di San Silvestro	*New Year's Eve*
il Capodanno	*New Year's Day*
la Pasqua	*Easter*
la festa della mamma	*Mother's day*
la festa del papà	*Father's day*
Venerdì Santo	*Good Friday*
Pentecoste	*Whitsun*
L'Assunzione	*Assumption Day*

ADESSO TOCCA A TE!

● *1: When is your birthday?*

Say the birthdays of all the members of your family.

● *2: When are the meetings? Say them in Italian.*

22

4 L'Orologio *The Clock*

Che ore sono? Che ora è?
What time is it?

Sono . . .	It is . . .
le due	two o'clock
le due e cinque	five past two
le due e un quarto	quarter past two
le due e quindici	two fifteen
le due e venti	twenty past two
le due e mezzo	half past two
le due e trenta	two thirty
le due e quaranta	two forty
le tre meno venti	twenty to three
le tre meno un quarto	quarter to three
le due e quaranta-cinque	two forty-five
le tre meno dieci	ten to three
le due e cinquanta	two fifty
le tre	three o'clock

but:

È . . .	It's . . .
mezzogiorno	midday
mezzanotte	midnight
l'una	one o'clock
l'una e dieci, ecc.	ten past one, etc.

Note that in Italian, as in English, there are often two ways of expressing the same time: **le due e un quarto, le due e quindici**.

Timetables, television programmes, etc., always use the 24-hour clock:

13.07	le tredici e zero sette
15.19	le quindici e diciannove
19.54	le diciannove e cinquantaquattro
22.47	le ventidue e quarantasette

A che ora . . .?	(At) what time . . .?
Alle sette e mezzo.	At seven thirty.
Il tuo orologio è avanti (di . . . minuti).	Your watch is (. . . minutes) fast.
Il tuo orologio è indietro (di . . . minuti).	Your watch is (. . . minutes) slow.
Scusa il ritardo.	Sorry I'm late.
Il mio orologio non funziona/ è guasto.	My watch doesn't work / is broken.
Ho smarrito l'orologio.	I have lost my watch.
Ho bisogna di uno batteria nuova per l'orologio.	I need a new battery for my watch.

4 L'Orologio *The Clock*

ADESSO TOCCA A TE!

● *1: When shall we meet? Practise saying these times:*

Vediamoci alle . . .   *Let's meet at . . .*
I negozi aprono dalle . . . alle . . .   *The shops open from . . . to . . .*

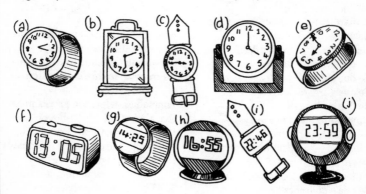

● *2: Using the timetable* (**l'orario**), *answer the following questions. (Remember to read aloud the questions and your answers, and to use the words in the question to make the answer.)*

A che ora parte il treno per Pisa?
A che ora arriva a Pisa?

A che ora inizia lo spettacolo?
A che ora finisce il concerto?

A che ora apre la banca?
A che ora chiude il museo?

A che ora è la prima colazione?

ORARIO	
Concerti:	21.15 – 23.00
Spettacoli:	21.00 – 23.45
Banche:	08.20 – 13.20
	14.40 – 15.40
Musei:	10.00 – 12.30
	15.00 – 18.30
Negozi:	08.30 – 12.30
	15.30 – 19.30

Treni:
   (da Genova per Pisa)
   Genova   14.15
   Pisa   15.58

Ristorante *Regina Margherita*:
Prima colazione: 07.30 – 10.00
Pranzo: 13.00 – 14.30
Cena: 19.30 – 21.00

5 I Colori *Colours*

arancio	*orange*	verde	*green*
argento	*silver*	viola	*violet*
avorio	*ivory*		
azzurro, -a	*blue*	scuro	*dark*
beige	*beige*	chiaro	*light; pale*
bianco, -a	*white*	brillante	*bright*
blu	*navy*	fluorescente	*fluorescent*
cachi	*khaki*		
fumo di Londra	*dark grey*		
giallo, -a	*yellow*		
grigio, -ia	*grey*		
grigio perla	*pearl grey*		
grigioverde	*grey-green*		
lilla	*lilac*		
marrone	*brown*		
mattone	*brick red*		
nero, -a	*black*		
oro	*gold*		
porpora	*purple*		
rosa	*pink*		
rosso, -a	*red*		
senape	*mustard*		
turchese	*turquoise*		

Note: In Italian, colours follow the noun to which they refer: **Questa è un'automobile rossa.** *This is a red car.* **Nero, azzurro, grigio, rosso, bianco** and **giallo** have feminine and plural forms. **Verde** and **marrone** have only a plural form: **verdi** and **marroni**. The other colours in the list remain the same whatever the noun.

ADESSO TOCCA A TE!

● 1: What colours would you like them to be?
Example: *These trousers are yellow.* **Questi pantaloni sono gialli.**

Describe the jerseys and trousers (maglia – jersey):

5 I Colori *Colours*

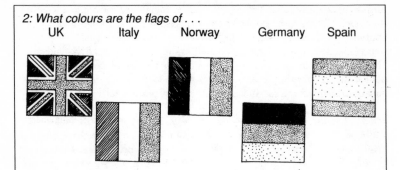

2: What colours are the flags of . . .

UK　　　　Italy　　　　Norway　　　　Germany　　　Spain

3: Find the colours

Hidden in the grid are the names, in Italian, of 15 of the colours which you have just learnt. They may be written horizontally, vertically, diagonally, backwards or forwards. Circle the words as you find them.

A	B	E	A	Z	Z	U	G	R	I	G
I	L	N	E	R	E	R	I	S	N	R
R	I	O	S	A	G	L	A	C	O	I
E	D	R	E	V	I	O	L	A	L	G
V	A	R	H	C	E	M	L	I	A	I
U	G	A	C	T	B	R	O	S	S	O
N	O	M	R	L	A	I	P	E	A	S
O	R	R	U	Z	Z	A	A	S	I	S
R	E	N	T	O	Z	I	O	N	B	A
E	O	I	C	N	A	R	A	V	C	I
N	P	O	R	P	O	R	A	M	H	O

26

6 Aggettivi *Adjectives*

Adjectives are 'describing words' and usually come after the noun to which they refer in Italian: **un ponte vecchio**, *an old bridge*. You will find appropriate adjectives included in the other sections in this book.
Note: Adjectives agree with the noun they refer to, in number and gender. The feminine form of the following adjectives is obtained by changing the final -**o** into an -**a**, and plurals end in -**i** (m.) or -e (f.). Adjectives ending in -**e** may be masculine or feminine, and change to -**i** in the plural.

a buon mercato	*cheap, inexpensive*	caro	*dear* (endearment; costly)
abbondante	*generous; copious*		
accidentato	*rough* (terrain, road)	cattivo	*bad; nasty*
acuto	*sharp* (of point)	celibe	*single* (unmarried man)
adatto	*suitable*		
addomesticato	*tame* (animals)	chiuso	*closed*
affilato	*sharp* (razor, knife)	cieco	*blind*
alto	*high, tall*	colpevole	*guilty*
amaro	*bitter*	complicato	*complicated*
(in) anticipo	*early, ahead of time*	comune	*common*
antico	*old; antique; ancient*	coraggioso	*brave*
anziano	*elderly*	cordiale	*warm* (of person)
aperto	*open*	corto	*short*
appropriato	*suitable, right*	costoso	*costly*
asciutto	*dry*	debole	*weak*
attivo	*active*	difficile	*difficult*
avaro; tirchio	*mean* (with money)	distante	*far, distant*
bagnato	*wet*	divertente	*amusing*
basso	*low; short* (of person)	dolce	*sweet*
bello	*beautiful, good-looking, handsome; fair* (weather)	doppio	*double*
		duro	*hard; tough*
		facile	*easy*
		falso	*false*
biondo	*fair* (hair)	famoso	*famous*
bizzarro	*bizarre, odd*	felice	*happy*
bollente	*boiling*	forte	*loud; strong*
brillante	*bright* (colour)	fragile	*fragile*
brusco	*curt*	freddo	*cold; cool* (unfriendly)
brutto	*ugly*	fresco	*cool; fresh*
buffo	*funny, amusing*	generoso	*generous*
buio	*dark*	gentile	*kind; polite; nice* (of person)
buono	*good*		
caldissimo	*(very) hot*	giovane	*young*
caldo	*hot; warm*	giusto	*fair, just; right, correct*
calmo	*calm; cool*		

6 Aggettivi *Adjectives*

grande	*big; tall*	ozioso	*idle*
grasso	*fat*	passivo	*passive*
gratuito	*free* (of charge)	pesante	*heavy*
grazioso	*pretty*	pessimo	*very bad*
grossolano	*cheap* (of a joke)	piacevole	*pleasant* (person)
handicappato	*handicapped*	piatto	*flat*
impossibile	*impossible*	piccante	*hot* (food)
inabile	*unfit* (to work)	piccolo	*small*
in forma	*fit* (health, sport)	pieno	*full*
indecente	*rude, shocking*	pigro	*lazy*
innocente	*innocent*	poco profondo	*shallow*
intelligente	*intelligent; bright*	possibile	*possible*
interessante	*interesting*	precoce	*early* (before the
largo	*broad; wide*		expected time)
leggero	*light; mild* (taste,	prematuro	*premature*
	tobacco); *weak*	presto	*early*
	(tea, coffee)	primo	*first; principal* (the
lento	*slow*		most important)
libero	*free; available*	profondo	*deep*
liscio	*smooth*	pulito	*clean*
lontano	*far*	raffermo	*stale* (bread)
lungo	*long*	raro	*rare*
malato	*ill*	(in) ritardo	*late, delayed*
medio	*average*	robusto	*sturdy; strong*
meschino	*mean, unkind*	rozzo	*rough; coarse*
moderno	*modern*	rude	*nasty, rude*
modesto	*modest*	ruvido	*rough* (skin, surface)
morbido	*soft*	sbagliato	*wrong, mistaken*
morto	*dead*	scadente	*cheap* (poor quality)
mosso	*rough* (sea)	scarico	*flat* (battery)
noioso	*boring*	scortese	*unkind*
non commestibile	*unfit to eat, inedible*	scuro	*dark*
normale	*ordinary*	secco	*dry*
nubile	*single* (unmarried	selvaggio	*wild* (uncivilised)
	woman)	selvatico	*wild*
nuovo	*new*	semplice	*simple; single*
nuovo di zecca	*brand new*		(not double)
occupato	*busy; engaged*	sfacciato	*cheeky*
	(toilet)	sgargiante	*loud* (clothes)
orrendo	*awful*	simpatico	*nice* (person)
orribile	*horrible*	sinistro	*left; sinister*
ottuso	*dull, slow-witted;*	smussato	*blunt* (blade);
	obtuse		*dull* (edge)

6 Aggettivi *Adjectives*

sodo	*hard; firm*	vecchio	*old*
sordo	*deaf*	veloce	*fast*
sottile	*thin*	vero	*real; true*
spaventoso	*dreadful*	vicino	*near*
spazioso	*spacious*	vigliacco	*cowardly*
spiccato	*broad* (accent)	vivace	*lively*
sporco	*dirty*	vivo	*alive*
spuntato	*dull* (point)	viziato	*stale* (air); *spoilt*
stanco	*tired*	volgare	*common* (vulgar);
stantio	*stale* (food)		*loud* (unrefined)
strano	*strange, funny*	vuoto	*empty*
stretto	*narrow*	zitto	*silent*
stupido	*stupid*	zoppo	*lame*
superficiale	*superficial*		
tenero	*tender*		
(a) terra	*flat* (tyre)		
tiepido	*lukewarm*		
tranquillo	*quiet*		
triste	*sad*		
ultimo	*last*		
umido	*damp; humid*		
umile	*humble*		
unico	*single*		

Note: There are two ways of saying *very* or *extremely* in Italian:

- by using **molto** before an adjective: **molto bella**, v*ery beautiful*
- in many cases, by replacing the last vowel of the adjective with **-issimo, -a, -i** or **-e**: **Questa pizza è buonissima; Queste canzoni sono bellissime**.

ADESSO TOCCA A TE!

- 1: *Choose any twelve words from the list, write them down and then write their opposites beside them.*

- 2: *There are just eight Italian words in the grid below. Each word is split into three parts. Join the three parts to make a word that matches the clues in English.*

Clues:
1. simple   5. heavy
2. mild   6. near
3. wrong   7. fragile
4. unfair   8. bad

sem	gi	pe	ci	le	giu
vo	fra	sto	leg	ro	in
ti	no	te	pli	vi	glia
cat	ce	san	ge	sba	to

29

7 Avverbi *Adverbs*

You can use these words to modify what you are saying about something: **È abbastanza grande**, *She is fairly tall*. **È sempre in ritardo**, *He is always late*.

abbastanza	*enough; fairly*
almeno	*at least*
anche	*also; even*
assai; del tutto	*quite*
certamente	*certainly*
completamente	*completely*
forse	*perhaps*
mediamente	*on average*
meno	*less*
molto	*very*
perfino	*even*
più	*more*
piuttosto	*rather*
probabilmente	*probably*
quasi	*almost*
sempre	*always*

sfortunatamente	*unfortunately*
solamente	*only*
specialmente	*specially*
veramente	*indeed; really*
sempre meno	*less and less*
sempre più	*more and more*
più o meno	*more or less*

Note: In English some adverbs, called adverbs of manner (for they indicate the manner in which something is done), are formed by adding -ly to the adjective (honest → honestly). In Italian -*mente* is often added to the feminine form of the adjective: **onesta** → **onestamente**. Adjectives ending in -*e* just add -*mente* to the end: **dolcemente**; but those ending in -*le* or -*re* preceded by a vowel drop their final -*e* before adding -*mente*: **specialmente**.

ADESSO TOCCA A TE!

● *1: Translate and modify these sentences by adding an adverb.*

(*a*) She is _____ tall. (*b*) I am _____ tired. (*c*) They are _____ late. (*d*) _____ Mr Brown is busy today. _____ you can come tomorrow.

● *2: Turn the following adjectives into adverbs, then give their English equivalent. (They are not in the list above!)*

puntuale	**puntualmente**	aggressivo	_____
annuale	_____	recente	_____
gentile	_____	esatto	_____

8 Dove? *Where?*

a	*at; to*
a casa, in casa	*(at) home*
a; in; da	*to*
accanto a	*beside*
a destra di	*to the right of*
a sinistra di	*to the left of*
al di sopra di	*above, over*
al di là di	*over, on the other side of*
attorno; intorno	*around*
attraverso	*through*
avanti	*forward*
da nessuna parte	*nowhere*
da qualche parte	*somewhere*
dappertutto	*everywhere*
davanti a	*in front of*
dentro	*inside*
di fronte a	*opposite*
dietro	*behind*
dopo	*past*
fuori (di)	*outside*
giù	*down*
in; a	*in*
indietro	*back; backward*
là; lì	*there*
laggiù	*down there; over there*
lassù	*up there*
lontano da	*far from*
oltre	*beyond*
prima di	*before*
qui, qua	*here*
sopra	*above*
sotto	*below*
su	*on*
su	*up/upwards*
tra, fra	*between*
via	*away*
vicino a	*near*

Combined prepositions

When a noun follows the prepositions **a**, **di**, **da in** and **su** they are joined to its article and become:
di + il = **del**; di + lo = **dello**; di + l' = **dell'**; di + la = **della**; di + i = **dei**; di + gli = **degli**; di + le = **delle**;

a + il = **al**; a + lo = **allo**; a + l' = **all'**; a + la = **alla**; a + i = **ai**; a + gli = **agli**; a + le = **alle**;

da + il = **dal**; da + lo = **dallo**; da + l' = **dall'**; da + la = **dalla**; da + i = **dai**; da + gli = **dagli**; da + le = **dalle**;

in + il = **nel**, etc;
su + il = **sul**, etc.

In and *to* are both translated by **in** before the names of continents, countries, regions, large islands and with the following words:
montagna, **campagna**, **ufficio**, **città**, **chiesa**, **farmacia** and all the names for shops: e.g. **in campagna**, *to/in the country*. They are translated by **a** with names of towns, villages, and small islands.

ADESSO TOCCA A TE!

● *1: Add* **in** *or* **a** *as necessary.*

Vado/Sono . . . (I am going/I am . . .)

_____ casa   _____ ufficio   _____ montagna

8 Dove? *Where?*

____ Italia   ____ Roma   ____ Capri   ____ Europa

For more information on directions, see *In Città* (p.172) and *Viaggi e Turismo* (p.181)

● 2: Where is he?

(a) (b) (c) MGM (d)

QUANDO? *WHEN?*

adesso, ora	*now*	di solito	*usually*
al fine settimana	*at the weekend*	domani	*tomorrow*
al giorno d'oggi	*nowadays*	dopo	*after; afterwards*
alla fine	*finally*	dopo di Lei!	*after you!*
all'inizio	*at / in the beginning*	fa	*ago*
allora	*then*	tre giorni fa	*three days ago*
ancora	*still; yet*	fino a	*until*
ancora; di nuovo	*again*	fra una settimana	*in a week's time*
l'anno prossimo	*next year*	frattanto	*meanwhile*
l'anno scorso	*last year*	già	*already*
di quando		ieri	*yesterday*
in quando	*from time to time*	immediatamente	*immediately*

9 Quando? *When?*

mai	*never*	la settimana prossima	*next week*
oggi	*today*	la settimana scorsa	*last week*
presto	*soon; early*	spesso	*often*
prima (di)	*before*	subito	*immediately*
primo, -a	*first*	tardi; in ritardo	*late*
prossimo, -a	*next*	**ul**timo	*last*
qualche volta	*sometimes*	una volta	*once*
quest'anno	*this year*	una volta o l'altra	*sometimes*
raramente	*rarely, seldom*		
recentemente	*recently*		
regolarmente	*regularly*		

ADESSO TOCCA A TE!

● *1: Complete these sentences by adding an appropriate word or phrase.*

(a) Andiamo _____ in Italia per le vacanze.
(b) Andremo _____ a Milano.
(c) _____ siamo andati in America.
(d) _____ fa bel tempo ma _____ piove.

● *2: Write the equivalents and the opposites to the following English words:*

late   never   after   next week   rarely

● *1: Have a look at **Le domande** on page 34, then form the questions to match the following answers.*

(a) Il giorno di Santo Stefano è il ventisei dicembre.
(b) Il Monte Bianco è in Italia.
(c) Il tenore italiano più famoso è Luciano Pavarotti.
(d) Ci sono ventiquattro ore in un giorno.
(e) La mia automobile è una Fiat.

10 Le Domande *Questions*

Come?	*How?*	Dove?	*Where?*
Quanto, -a?	*How much?*	Dov'è?	*Where is it?*
Quanti, -e?	*How many?*	Dove ci vediamo?	*Where shall we meet?*
Come stai? (fam.)	*How are you?*		
Come sta'? (form.)	*How are you?*	Quale?	*Which?*
Come mai?	*How come?*	Da che parte è?	*Which way is it?*
		Quale ti piace?	*Which one do you like?*
Che (cosa)?	*What?*	Qual è la tua macchina?	*Which is your car?*
Che (cosa) desidera?	*What do you want?*		
Che (cosa) ti metti?	*What are you going to wear?*	Chi?	*Who?*
Che (cosa) fai?	*What are you doing?*	Chi è?	*Who is (it)?*
Che tipo di . . ?	*What kind of . . ?*	Chi va?	*Who is going?*
		Chi viene (con me)?	*Who is coming (with me?)*
Quando?	*When?*	Di chi è?	*Whose is (it)?*
Quando è la festa?	*When is the party?*	Perché?	*Why?*
		Perché sei in ritardo?	*Why are you late?*

ADESSO TOCCA A TE!

● 2: Ask the questions:

_____?   Sono le sei e mezzo

_____?   14 000 lire.

_____?   È Mario.

_____?   Una FIAT.

_____?   In piazza San Marco.

11 Pronomi e congiunzioni *Pronouns and conjunctions*

e	*and*
ma; però	*but*
perché	*because; why*
alcuni, -e	*some, a few*
qualche (+ singular noun)	*some*
ogni	*every, each*
ciascuno	*each (one)*
ogniqualvolta	*whenever*
ognuno	*everyone*
quello, -a	*that*
quelli, -e	*those*
questo, -a	*this*
questi, -e	*these*
il primo (la prima)	*the former*
quest'ultimo, -a	*the latter*
quello che, quella che	*that (which)*
quelli che, quelle che	*those (which)*
tutto, -a	*all*
tutti, -e	*all of them; everyone*
tutto quello che	*all that*
chi	*he / she / those who*
che	*that; who; which*

Note: When **quello** occurs before a noun, its ending behaves similarly to that of the combined prepositions in section 8, page 31: **quegli studenti**, *those students.*

Subject pronouns

io	*I*
tu	*you* (fam.)
Lei	*you* (form.)
lui	*he*
lei	*she*
noi	*we*
voi	*you* (pl.)
loro	*they* (m. or f.)
Loro	*you* (form. pl.)

Direct object pronouns

mi	*me*
ti	*you* (fam.)
La	*you* (form.)
lo	*him, it*
la	*her, it*
ci	*us*
vi	*you* (pl.)
li	*them* (m. pl.)
le	*them* (f. pl.)
Li	*them* (m. form. pl.)
Le	*them* (f. form. pl.)

Indirect object pronouns

mi	*to me*
ti	*to you* (fam.)
Le	*to you* (form.)
gli	*to him*
le	*to her*
ci	*to us*
vi	*to you*
gli/loro	*to them*
Loro	*to you* (form. pl.)

Reflexive pronouns

mi	*myself*
ti	*yourself* (fam.)
si	*yourself* (form.)
si	*himself, herself*
ci	*ourselves*
vi	*yourselves*
si	*themselves*
si	*yourselves* (form. pl.)

11 **Pronomi e congiunzioni** *Pronouns and conjunctions*

Pronouns with a preposition

per . . ., con . . .	*for . . ., with . . .*	lei	*her*
me	*me*	noi	*us*
te	*you* (fam.)	voi	*you* (pl.)
Lei	*you* (form.)	loro	*them*
lui	*him*	Loro	*you* (form. pl.)

With most forms of the verb, pronouns are placed *before* the verb except for **loro** which follows it: e.g.

I, *you*, *she*, etc., in Italian are seldom used except for emphasis.

In addressing someone who is not a close friend, a relative or a child, you must use the formal version for *you*, usually written with the capital letter. This applies to both genders. In the plural, the **voi** and **vi** forms can be used without damaging people's ego too much!

Examples:

(**Io**) studio l'italiano mezz'ora al giorno, tutti i giorni.

Il mio amico italiano **mi** aiuta a fare pratica.

Spesso **gli** parlo in italiano.

Prima di mangiare **ci** laviamo le mani.

Note: With parts of the body Italian often uses the reflexive verb instead of *my*, *his*, etc.

Expressions with preposition:

tranne me	*except me*	a me	*to me*
per noi	*for us*	con lui	*with him*
da te	*from you*	senza loro	*without them*

CONGIUNZIONI *CONJUNCTIONS*

affinché	*so that; in order that*	ma; però	*but*
altrimenti	*otherwise*	né . . . né	*neither . . . nor*
anche	*also; too; even*	nemmeno	*not even*
anche se	*even if*	(non) appena	*as soon as*
anzi	*or rather; or better still*	nonostante	*notwithstanding; in spite of*
comunque	*however; no matter how*		
cioè	*that is (to say)*	o; oppure	*or*
dopodiché	*after which*	purché	*provided that*
dunque; quindi;		se	*if*
pertanto	*so; therefore*	sia . . . sia	*both . . . and*
eppure	*and yet; nevertheless*	siccome; giacché	*since; as*
infatti; difatti	*in fact*	tuttavia	*however; nevertheless*
inoltre	*besides; moreover*		

IL POSSESSIVO
THE POSSESSIVE CASE

(m.)	(f.)	(m. pl.)	(f. pl.)	
il mio	la mia	i miei	le mie	*my, mine*
il tuo	la tua	i tuoi	le tue	*your, yours* (fam.)
il Suo	la Sua	i Suoi	le Sue	*your, yours* (form.)
il suo	la sua	i suoi	le sue	*his, her, its; his, hers*
il nostro	la nostra	i nostri	le nostre	*our, ours*
il vostro	la vostra	i vostri	le vostre	*your, yours*
il loro	la loro	i loro	le loro	*their, theirs; your, yours* (form. pl.)
il proprio	la propria	i propri	le proprie	*one's*

These, unlike English, require the definite article and agree in number and
gender with the *thing possessed* rather than with the *possessor:*
L'automobile di Giorgio becomes: **la sua** automobile (since **automobile** is
feminine).

Kinship terms in the singular form and unmodified do not require the
definite article before the possessive: **mio padre, mia sorella, mio zio;** but
la mia sorellina (*my little sister*), **i miei fratelli.**

ADESSO TOCCA A TE!

● *1:* Put the right form of (*a*) *this* or *these* (*b*) *my* and *your* before
these words:

penna	penne	capotto	scarpa	scarpe	automobile	vetro
pen	*pens*	*coat*	*shoe*	*shoes*	*car*	*glass*

studente	zaino
student	*rucksack*

● *2: Complete the sentences using the words from the box.*

(*a*) Sono tutti in vacanza _____ _____	tutti
(*b*) Non è tutto oro _____ _____ luce. (glitters)	ogni
(*c*) _____ figlia ha vent'anni.	quel che
(*d*) Sono _____ alla riunione.	tranne me
(*e*) C'è un autobus _____ dieci minuti.	sua

---

12 I Verbi *Verbs*

A brief note about verbs. (Relevant verbs are given in the remaining sections; for more about verbs see *Teach Yourself Italian Verbs*.)

When you go to look up a verb in the dictionary you find the infinitive form: e.g. *to study*, **studiare**. In English you recognise the infinitive by the *to* preceding it; in Italian you recognise it by its ending (**-are** in the case of **studiare**). In Italian there are three kinds of endings: **-are**, **-ere**, and **-ire**. Most verbs are regular, that is they follow the usual pattern.

Present tense

To make the present tense you replace **-are**, **-ere**, or **-ire** with:

	-are (parlare)	**-ere (vedere)**	**-ire (partire)**
	to speak	*to see*	*to leave*
(io)	parl*o*	ved*o*	part*o*
(tu)	parl*i*	ved*i*	part*i*
(lui, lei/Lei)	parl*a*	ved*e*	part*e*
(noi)	parl*iamo*	ved*iamo*	part*iamo*
(voi)	parl*ate*	ved*ete*	part*ite*
(loro/Loro)	**parl**an*o*	**ved**on*o*	**part**on*o*

- **Parlo** translates *I speak* and *I am speaking*.
- The third-person singular is used for *he*, *she*, *it* and the formal *you* (**Lei**).
- Remember to stress where indicated.

Auxiliary verbs

Verbs like **avere**, to have, and **essere**, to be, are called auxiliary verbs because they can be used to support the main verb. Since they do not follow the usual pattern they are called irregular verbs.

essere		**avere**	
sono	siamo	ho	abbiamo
sei	siete	hai	avete
è	sono	ha	hanno

Past tenses

The two most useful tenses you need to express yourself in the past are the perfect and the imperfect.

The perfect is formed by using the present tense of **avere** or **essere** followed by the past participle. To make the past participle you change the ending of the infinitives **-are**, **-ere**, and **-ire** into **-ato**, **-uto**, and **-ito** respectively.

Some verbs have an irregular past participle. Here is a list of the most common ones:

aprire, *to open*	aperto	offrire, *to offer*	offerto
bere, *to drink*	bevuto	rimanere, *to remain*	rimasto
correre, *to run*	corso	prendere, *to take*	preso
decidere, *to decide*	deciso	rompere, *to break*	rotto
dire, *to say, to tell*	detto	scendere, *to go down,*	
fare, *to do, to make*	fatto	*to come down*	sceso
leggere, *to read*	letto	scrivere, *to write*	scritto
mettere, *to put*	messo	venire, *to come*	venuto
morire, *to die*	morto	vedere, *to see*	visto
nascere, *to be born*	nato		(*or* veduto)

Note: Reflexive verbs (e.g. **divertirsi**, *to amuse oneself, to have fun*) and most verbs of movement take **essere**. In this case the past participle has to agree with the subject of the verb, that is, whether it is masculine, feminine or plural:

Francesco è andato a Firenze.	*Francesco went / has gone to Florence.*
Lorenza è andata a Roma.	*Lorenza went / has gone to Rome.*
Chiara e Francesca sono andate a Venezia.	*Chiara and Francesca went / have gone to Venice.*

Here is a list of verbs which take **essere**:

andare	*to go*	rimanere	*to remain, to stay*
venire	*to come*		
entrare	*to enter*	ritornare	*to return*
uscire	*to go out, to come out*	riuscire (a)	*to succeed (in)*
arrivare	*to arrive*	fuggire	*to flee*
partire	*to depart, to leave*	scappare	*to escape*
salire	*to go up, to come up*	sparire	*to disappear*
scendere	*to go down, to come down*	correre	*to run*
		cadere	*to fall*
nascere	*to be born*	passare	*to pass*
morire	*to die*	diventare	*to become*

The perfect tense is mainly used to express an action started and ended in the past, e.g. **Ho mangiato una pizza per pranzo**, *I ate a pizza for lunch.* The imperfect is mainly used to translate something going on continuously in the past, e.g. **Abitavo a Parigi**, *I was living in Paris*, or to indicate something that used to happen regularly: **Andavo a teatro tutte le settimane**, *I used to go to the theatre every week.*

12 I Verbi *Verbs*

Future tense

To speak about things which will happen in the future, replace **-are**, **-ere** or **-ire** as follows:

parlerò	venderò	partirò
parlerai	venderai	partirai
parlerà	venderà	partirà
parleremo	venderemo	partiremo
parlerete	venderete	partirete
parleranno	venderanno	partiranno

Note the accents which appear on two of the endings.

The future tense is used (*a*) to express an action which will take place in the future, (*b*) to express probability: **Domani andrò a Roma.** *I will go/am going to Rome tomorrow.* **Dov'è il gatto? Sarà in giardino.** *Where is the cat? He must be in the garden.*

Modal verbs

These are verbs used to express permission, obligation and wish; they are usually followed by an infinitive. The present tense of modal verbs is irregular:

potere	**dovere**	**volere**
can, may, to be able to	*must, to have to*	*to want to, to wish to*
posso	devo	voglio
puoi	devi	vuoi
può	deve	vuole
possiamo	dobbiamo	vogliamo
potete	dovete	volete
possono	devono	vogliono

Posso entrare?	*Can I come in?*
Devo andare . . .	*I must go . . .*
Voglio imparare.	*I want to learn.*

Useful expressions

These 'impersonal' expressions are very useful, and translate a range of phrases where in English you would say *we need, you need, I need,* etc.

12 I Verbi *Verbs*

Ci vuole, ci vogliono (+ noun)
Ci vuole il biglietto.
Ci vogliono due moduli.

One needs (+ noun)
One needs a ticket.
One needs two forms.

Basta (+ verb or noun)
Basta andare una volta.
Basta un chilo.
Bastano due pizze.

It's enough / sufficient (+ verb or noun)
It's enough to go once.
A kilo is enough.
Two pizzas are enough.

ADESSO TOCCA A TE!

● *1: First ask the questions and then use the prompts in various ways to form the answers in Italian.*

What did he do
   yesterday?
– went fishing
And what did she do?
– worked

What is he doing
   today?
– playing golf
What is she doing?
– working

What is he going to
   do tomorrow?
– ride bike
What is she going to do?
– pack bags and leave!

● *2: For each of the following verbs, give the 1st person singular (**io** . . .) of the perfect tense. Remember that some verbs take **essere**.*

e.g. andare = sono andato, -a

(*a*) uscire
(*b*) leggere
(*c*) partire
(*d*) scrivere

Il look *Personal appearance*

Nowadays **il look** indicates the personal appearance and the image which a person projects as a result of their dress, manner of speaking, attitude, etc.

Sono . . .,	*I am . . .,*
Lui/lei è	*he / she is . . .*
alto, -a	*tall*
basso, -a	*short*
magro, -a	*thin*
robusto, -a	*well built*
grasso, -a	*fat*
di statura media	*medium height*

Ho i capelli . . .	*I have . . . hair*
scuri; chiari	*dark; fair*
biondo rame;	
tiziano	*auburn*
rossi; castani	*red; brown / chestnut*
biondi	*blond*
neri	*black*
grigi, bianchi	*grey; white*
lunghi; corti	*long; short*
dritti; ricci	*straight; curly*
ondulati; radi	*wavy; thinning*

e gli occhi . . .	*and . . . eyes*
azzurri	*blue*
grigio-azzurri	*blue-grey*
castani	*brown*
verdi	*green*

la statura	*height*
Sono alto/alta 1,79 m	*I am 1.79 m tall.*
il peso	*weight*
Peso 60 chili	*I weigh 60 kilos*

Lui/lei ha . . .	*He/she has . . .*
i baffi	*a moustache*
la barba	*a beard*
le fossette	*dimples*
le lentiggini	*freckles*
le rughe	*wrinkles*
l'acne (f.)	*acne*
un neo	*a mole*
una cicatrice	*a scar*
una pustoletta;	
i foruncoli	*a spot; spots*
una voglia	*a birth mark*
un bel sorriso	*a nice smile*
una grande pancia	*a beer belly*
un gran naso	*a big nose*
il naso all'insù	*a turned (retroussé) nose*
il naso aquilino	*a roman nose*

Sono miope; presbite.	*I am short-sighted; long-sighted.*
Porto gli occhiali.	*I wear glasses.*
Porto le lenti a contatto.	*I wear contact lenses.*
Sono attraente; di bella presenza.	*I am good-looking.*
Sono di bell'aspetto.	*I am handsome.*
Ho la carnagione chiara; scura; olivastra.	*I am fair-skinned; dark-skinned; olive-skinned.*
Sono abbronzato, -a.	*I am suntanned.*
Sono pallido, -a.	*I am pale.*

13 L'Individuo *Personal matters*

il setto nasale rotto	*a broken nose*	Lui/lei è . . .	*He/she is . . .*
il naso da pugile	*a boxer's nose*	attraente	*attractive, cute*
le orecchie grandi; piccole	*big ears / small ears*	brutto, -a	*ugly*
le orecchie a sventola	*sticking-out ears*	calvo, -a	*bald*
le labbra spesse/ sottili	*thick/thin lips*	di bella presenza	*good-looking*

il setto nasale
  rotto   *a broken nose*
il naso da
  pugile   *a boxer's nose*
le orecchie   *big ears*
  grandi; piccole *small ears*
le orecchie a
  sventola   *sticking-out ears*
le labbra spesse/
  sottili   *thick/thin lips*
la bocca larga/ *a wide/narrow*
  stretta   *mouth*
la fronte alta *a high forehead*
la sopracciglia
  folte   *bushy eyebrows*
la testa calva *a bald head*

Lui/lei è . . .   *He/she is . . .*
  attraente   *attractive, cute*
  brutto, -a   *ugly*
  calvo, -a   *bald*
  di bella presenza *good-looking*
  dolce   *sweet*
  grazioso, -a   *pretty*
  pulito, -a   *clean*
  sporco, -a   *dirty*
  sciatto, -a   } *scruffy*
  trasandato, -a
  vestito/vestita
   con cura   *well groomed*

Che bella!   *Wow, she's a good-looker!*
Però anche lui non è male!   *He's not bad either!*

Proverbio
· · · · · · · · · · · · · ·

L'apparenza inganna.   *Never judge by appearances.*

ADESSO TOCCA A TE!

● *Describe yourself! (You may be generous.)*

Sono . . .   Ho . . .

Sentimenti ed emozioni
Feelings and emotions

l'emozione (f.)	*emotion*
l'umore (m.)	*mood*
il sentimento	*feeling*

annoiato, -a	*bored*
ben disposto, -a	*agreeable*
commosso, -a	*moved, touched*
depresso,- a	*depressed*
disgustato, -a	*disgusted*
emozionato, -a	*emotional*

il rancore	*hard feelings*
l'indecisione (f.)	*mixed feelings*
offendere qualcuno	*to hurt someone's feelings*
la compassione	*compassion, sympathy*
l'entusiasmo	*enthusiasm*
l'insoddisfazione (f.)	*dissatisfaction*
la paura	*fear*
la soddisfazione	*satisfaction*
il terrore	*dread*
la tristezza	*sadness*
la felicità	*happiness*

Ho ...	*I feel ...*
caldo	*hot*
fame	*hungry*
freddo	*cold*
paura	*afraid*
sete	*thirsty*
sonno	*sleepy*
vergogna	*ashamed*
voglia di ...	*like ...*

Sono ...	*I am ...*
adirato, -a	*angry*
angosciato, -a	*distressed*

entusiasta	*enthusiastic*
esausto, -a	*exhausted*
felice	*happy*
felicissimo, -a	*overjoyed*
fiducioso, -a	*hopeful*
in ansia	*apprehensive*
infelice	*unhappy*
insoddisfatto, -a	*dissatisfied*
lietissimo, -a	*delighted*
ottimista	*optimistic*
pessimista	*pessimistic*
preoccupato, -a	*concerned, worried*
rilassato, -a	*relaxed, 'laid back'*
sazio, -a	*full*
scioccato, -a	*appalled*
seccato, -a	*annoyed*
senza energia	*drained*
sorpreso, -a	*surprised*
spaventato, -a	*afraid*
stanco, -a	*tired*
triste	*sad*
turbato, -a	*upset*

Mi sento ...	*I feel ...*
a pezzi	*shattered*
pieno/piena di energia	*lively*
bene	*well*
curioso, -a	*curious*

44

13 L'Individuo *Personal matters*

deluso, -a	*let down*	malissimo	*awful* (health)
disinvolto, -a	*cool!*	meglio	*better*
fortunato, -a	*lucky*	peggio	*worse*
giù di giri	*switched off*	respinto, -a	*rejected*
in forma	*fit*	sexy	*sexy*
in perfetta forma;		sfortunato, -a	*unlucky*
benissimo	*great*	straordinariamente	
invidioso, -a	*envious*	bene	*terrific*
loquace	*talkative*	su di giri	*switched on*
male	*ill*		

Come ti senti?/Come si sente? (form.)	*How are you feeling?*
Sono di buon umore.	*I am in a good mood.*
Sono di cattivo umore.	*I am in a bad mood.*
Sono di un umore nero.	*I am in a very bad mood.*
Lui/lei sorride.	*He/she is smiling.*
Lui/lei piange.	*He/she is crying.*

Caratteristiche personali
Personal characteristics

Che tipo di persona sei?	*What sort of person are you?*	compassionevole	*compassionate*
		comprensivo, -a	*sympathetic*
Sono . . .	*I am . . .*	con maniere da gentiluomo	*gentlemanly*
affascinante	*charming*	contento, -a	*happy*
affezionato, -a	*affectionate*	coraggioso, -a	*courageous, brave*
allegro, -a	*cheerful*	crudele	*cruel*
ambizioso, -a	*ambitious*	curioso, -a	*curious*
amichevole	*friendly*	discreto, -a; pieno/	
apprensivo, -a	*nervous*	piena di tatto	*tactful*
arrabbiato, -a	*angry*	distratto, -a	*absent-minded*
arrogante	*arrogant*	divertente	*amusing*
astuto, -a	*cunning*	educato, -a	*polite*
autoritario, -a	*overbearing*	egoista	*selfish*
avido, -a	*greedy*	fidato, -a	*trustworthy*
avido/avida		geloso, -a	*jealous*
di sapere	*inquisitive*	generoso, -a	*generous*
beneducato, -a	*well behaved*	gentile	*kind*
buffo, -a	*funny*	goffo, -a	*clumsy*
cattivo, -a	*nasty*	goloso, -a;	
cauto, -a	*cautious*	ghiotto, -a	*greedy* (food)
		impaziente	*impatient*
		indulgente	*forgiving*

13 L'Individuo *Personal matters*

industrioso, -a	*hard-working*		saggio, -a	*wise*
ingenuo, -a	*innocent*		scaltro, -a	*shrewd*
insolente	*insolent*		semplice;	
intelligente	*intelligent*		ingenuo, -a	*naive*
invidioso, -a	*envious*		sensibile	*sensitive*
irresponsabile	*irresponsible*		serio, -a	*serious*
istruito, -a	*well educated*		servizievole;	
maligno, -a	*spiteful*		che si presta	*helpful*
modesto, -a	*modest*		sicuro, -a	*confident*
nervoso, -a	*irritable*		sicuro/sicura	
noioso, -a	*boring*		di me (di sé)	*self-confident*
onesto, -a	*honest*		sincero, -a	*sincere*
orgoglioso, -a	*proud*		sincero, -a;	
ostinato, -a	*obstinate*		schietto, -a	*open, frank*
paziente	*patient*		spaccone, -a	*boastful*
piacevole	*pleasant*		strano, -a	*funny (strange)*
pigro, -a	*lazy*		tranquillo, -a	*quiet*
prepotente	*bullying*		stupido, -a	*stupid*
prudente	*prudent*		timido, -a	*timid*
raffinato, -a	*refined*		tirchio, -a;	
ragionevole	*reasonable*		avaro, -a	*miserly*
reticente	*reticent, secretive*		tollerante	*tolerant*
riguardoso, -a	*considerate*		vendicativo, -a	*vindictive*
riservato, -a	*reserved*		villano	*rude*
rispettoso, -a	*respectful*		violento, -a	*violent*
rozzo, -a	*coarse, rough*		volgare	*vulgar*

Ho il senso dell'umorismo.	*I have a sense of humour.*
Sono ambidestro, -a.	*I am ambidextrous.*
Sono destrorso, -a.	*I am right-handed.*
Sono mancino, -a.	*I am left-handed.*

Attrazioni ed avversioni
Likes and dislikes

Mi piace.	*I like it. I like ...*
Mi piacciono.	*I like them. / I like ...*
Non mi piace.	*I don't like (it).*
Non mi piacciono.	*I don't like (them).*
Vorrei ...	*I would like (to) ...*

Preferisco ... *I prefer ...*

Mi è simpatico, -a. *I like (someone).*

Mi è antipatico, -a. *I don't like (someone).*

Vado d'accordo. *I get on well (with someone).*

13 L'Individuo *Personal matters*

Non vado d'accordo.	*I get on badly (with someone).*	essere appassionato di	*to be fond of* (sport, pastimes)
Non lo/la sopporto.	*I can't stand him / her.*	essere un ammiratore/ ammiratrice di . . .	*to be a fan of . . .*
aborrire	*to abhor*		
adorare	*to adore*	innamorarsi	*to fall in love*
amare	*to love*	odiare	*to hate*
ammirare	*to admire*	voler bene	*to be fond of (a person)*
disprezzare	*to despise*		

Proverbio

Non è bello quel che è bello ma è bello quel che piace.
Beauty is in the eye of the beholder.

ADESSO TOCCA A TE!

● *What do they think?*

---

14 La Famiglia *The Family*

l'albero genealogico	*the family tree*
i parenti	*relations*
il parente stretto, la parente stretta	*close relation*
il parente lontano, la parente lontana	*distant relation*

materno, -a	*maternal*		il papà	*dad*
paterno, -a	*paternal*		il patrigno	*step-father*
i nonni materni	*maternal grandparents*		il suocero	*father-in-law*
i bisnonni	*great grandparents*		lo zio	*uncle*
la bisnonna	*great grandmother*		la zia	*aunt*
il bisnonno	*great grandfather*		il figlio	*son*
			la figlia	*daughter*
i nonni	*grandparents*		il fratello	*brother*
la nonna	*grandmother / grandma*		la sorella	*sister*
			il genero	*son-in-law*
il nonno	*grandfather / grandpa*		la nuora	*daughter-in-law*
			il cognato	*brother-in-law*
il nipote, la nipote	*grandchild; nephew / niece*		la cognata	*sister-in-law*
			il fratellastro	*half-brother*
			la sorellastra	*half-sister*
i genitori	*parents*		il cugino	*cousin* (male)
			la cugina	*cousin* (female)
la madre	*mother*		l'adulto, -a	*adult*
la mamma	*mum*		l'adolescente (m. and f.)	
la matrigna	*step-mother*		il/la teenager	*adolescent; teenager*
la suocera	*mother-in-law*		il neonato, -a	*baby*
			il bambino-, a	*child*
il padre	*father*			

14 La Famiglia *The Family*

la madrina	*godmother*
il padrino	*godfather*
il figlioccio,
la figlioccia	*godchild*

il fratello
maggiore	*elder brother*
la sorella minore	*younger sister*
il gemello, -a	*twin*
i gemelli identici	*identical twins*
la coppia
di sposi	*married couple*
il figlio unico,
la figlia unica	*only child*

adottato, -a	*adopted*
orfano, -a	*orphan*

la foto(grafia)	*photo(graph)*
l'album delle
fotografie	*photograph album*
Ecco la foto	*Here is a photo*
di mio/mia . . .	*of my . . .*
È molto	*It's / He's / She's very*
bello -a!	*beautiful!*

Note: When **bello** is before a noun, il follows the same rules as **quello** (see pages 31 and 35).

ADESSO TOCCA A TE!

● *Draw up a family tree with your family's names and each person's relationship to you.*

14 La Famiglia *The Family*

Animali domestici *Pets*

il cane; la cagna *dog; bitch*
  da caccia; il levriero
                hunting dog
  da cerca   *retreiver*
  da guardia   *guard dog*
  guida   *guide dog*

        Attenti al cane
       Beware of the dog

il barbone   *poodle*
il collie   *collie*
il labrador   *labrador*
il pastore tedesco *alsation*

         Cuccia!
          Sit

il canile   *kennel*
il cibo   *food*
il collare   *collar*
la cuccia   *basket*
gli escrementi
  del cane   *dog dirt*
il guinzaglio   *lead*

         Bravo!
        Good dog!

l'osso   *bone*
la paletta   *poop scoop*
la scodella
  (del cane)   *bowl*

   È vietato lasciar vagare i cani.
Dogs are not allowed to foul the grass.

l'uccello   *bird*
il canarino   *canary*
il pappagallo   *parrot*
il pappagallino *budgerigar*
la gabbia   *cage*
il mangime   *birdseed*

il gatto   *cat*
la figliata di
  gattini   *cat litter*

l'acquario   *aquarium*
il pesce rosso/
  i pesci rossi   *gold fish*
il pesce tropicale *tropical fish*
lo stagno   *pond*

il coniglio   *rabbit*
il criceto   *hamster*
il pavone   *peacock*
il porcellino
  d'India   *guinea pig*
il topolino   *mouse*

addestrare   *to train*
dar da
  mangiare a   *to feed*
dar da bere a   *to give water to*
portare a spasso *to take for a walk*
prendere,
  acchiappare   *to catch*
pulire   *to clean (out)*

Proverbio
· · · · · · · · · · · · · ·
Quando non c'è il gatto i topi
ballano. *When the cat's away
the mice will play.*

*Espressione
idiomatica*
· · · · · · · · · · · · · · · · ·
Quattro gatti. *Only a few
people.*

50

14 La Famiglia *The Family*

ADESSO TOCCA A TE!

● *Fill the spaces in the wheel using the clues. Each seven-letter word starts at the edge and ends in the centre. As you can see they all end with the same letter.*

(*a*) Un animale che vola.
(*b*) Una persona molto giovane.
(*c*) Il contrario di triste.
(*d*) Il marito della sorella.
(*e*) Fratello identico.
(*f*) Il contrario di buono.
(*g*) Estremamente stanco.
(*h*) Avaro.

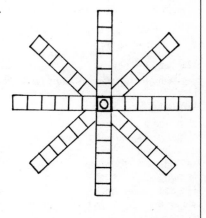

51

15 La Vita *Life*

Il parto *Childbirth*

la nascita	*birth*
il compleanno	*birthday*
la data di nascita	*date of birth*
nascere	*to be born*
È nato/nata il . . ./a . . .	*He / she was born on . . . / in . . .*
avere un bambino	*to have a baby*
Ha avuto un bambino.	*She has had a baby.*
la bambina	*girl*
il bambino	*boy*
il (parto) cesareo	*caesarian section*
le contrazioni	*contractions*
le doglie	*labour*
il dottore, la dottoressa	*doctor*
il feto	*foetus*
il forcipe	*forceps*
la gravidanza	*pregnancy*
la levatrice	*midwife*
il maschio; la femmina	*male; female*
il neonato, -a	*baby*
il parto	*delivery*
il parto naturale	*natural birth*
l'utero	*womb*
il battesimo	*christening, baptism*
la madrina	*godmother*
il nome	*name*
il padrino	*godfather*
il padrino e la madrina	*godparents*
il regalo	*present, gift*

Congratulazioni! È un maschio!
Congratulations! It's a boy!

Congratulazioni per la nascita della bambina!
Congratulations on your baby daughter!

Il neonato, la neonata *Baby*

la baby sitter	*babysitter*
la bambinaia	*childminder*
i genitori	*parents*
il neonato, -a	*baby*
la ragazza alla pari	*au pair*
allattare artificialmente	*to bottle-feed*
allattare naturalmente	*to breastfeed*
l'asciugamano	*towel*
il bagnetto	*baby's bath*
il bavaglino	*bib*
il biberon	*teet*
il biscotto	*rusk*
bollire	*to boil*
cambiare il pannolino	*to change the nappy*
la canottiera	*vest*
la carrozzina	*pram, buggy*
la copertina	*cot blanket*
crescere	*to grow*
cullare	*to rock*
dar da mangiare	*to feed*
fare il bagnetto	*to bathe*
il girello	*baby walker*
il latte	*milk*
il latte in polvere	*powdered milk*
il lenzuolino	*cot sheet*
il lettino, la culla	*cot*
mettere i denti	*to teethe*
la ninna-nanna	*lullaby*
il pannolino	*nappy, diaper*

il pannolino eliminabile dopo l'uso			le salviettine	
	disposable nappy		umidificate	*wet-wipes*
la pappina	*baby food*		il seggiolino	
il passeggino	*push chair*		(per l'auto)	*car seat*
piangere	*to cry*		il seggiolone	*high chair*
il pigiamino,			il sonaglio	*rattle*
la tutina	*sleeping suit*		sorridere	*to smile*
il poppatoio	*baby's bottle*		lo spillo da balia	*nappy pin*
pulire	*to wipe clean*		sterelizzare	*to sterilise*
ruttare	*to burp*		il succhiotto	*dummy*
			svezzare	*to wean*
			il vasino	*potty*

Piange molto.	*He / she cries a lot.*
Non dorme.	*He / she doesn't sleep.*
Ha un'irritazione a . . .	*He / she has a sore . . .*
Puoi/Può darmi . . ?	*Can I have . . ?*
Passami/Mi passi . . .	*Pass me . . .*
Ho bisogno di . . .	*I need . . .*
una crema per il sederino irritato.	*a cream for a sore bottom.*
per le scottature.	*for sunburn.*
una medicina contro l'indigestione.	*a medicine for indigestion.*
per i disturbi della dentizione.	*for teething.*
contro una forte tosse.	*for a bad cough.*
Come lo/la vesto?	*What is he / she going to wear?*
Quando devo dargli/darle da mangiare?	*What should he / she be fed?*
Quando devo metterlo/metterla	
a dormire?	*When should he / she have a sleep?*
Può telefonarci al numero . . .	*You can ring us on . . .*

ADESSO TOCCA A TE!

● *Help the new mother/father. What can't she/he find?*

15 La Vita *Life*

La crescita *Growing up*

il/la bambino/a   *child*
il/la bambino/a ai primi passi
          toddler
l'adolescente   *adolescent*
la pubertà   *puberty*
l'adulto, l'adulta *grown-up, adult*
l'età   *age*

l'automobilina   *toy car*
la bicicletta   *bicycle*
i blocchetti per costruzioni
          building bricks
la cassetta per bambini
          children's cassette
i giocattoli   *toys*
il gioco delle costruzioni
          jigsaw
i primi giochi didattici
          early-learning games
il libro di storie per bambini
          children's story book
il modellino d'automobile
          model car
la scatola dei giocattoli
          toy box
il trenino   *model train*
il triciclo   *tricycle*
il video per
   bambini   *children's video*

C'è ...?   *Is there a ...?*
   un campo   *children's*
   giochi   *playground*
   un'altalena   *swing*

un castello (di tubi metallici)
          climbing frame
una giostra   *roundabout*
uno scivolo   *slide*

È ...?   *Is it ...?*
   sicuro   *safe*
   pericoloso   *dangerous*
   adatto ai bambini di tre anni
     suitable for three year-olds

cadere   *to fall*
camminare
   carponi   *to crawl*

crescere   *to grow up*
giocare   *to play*
imparare a
   camminare   *to learn to walk*
imparare a
   parlare   *to learn to talk*
star seduto, -a   *to sit up*

la Prima
   Comunione   *First Communion*
la Cresima   *Confirmation*

avere tredici   *to be thirteen*
   anni   *(years old)*
ho quindici
   anni   *I am fifteen*

Buon compleanno!
Happy Birthday!

15 La Vita *Life*

ADESSO TOCCA A TE!

● *Here are two lists of words. Take a word from the first list and join it appropriately to a word from the second to create a new word.* (You have met all the new words in the previous pages.)

auto	nato	
canotti	lena	
neo	no	
alta	re	
bambi	cotto	
culla	era	
bis	mobile	

Amore e rapporti
Love and relationships

il ragazzo	*boyfriend*
la ragazza	*girlfriend*
il fidanzamento	*engagement*
il fidanzato, -a	*fiancé, fiancée*
il compagno, -a	
il partner	*partner*
la proposta	*proposal*
l'amante	*lover*
l'eterosessuale	*heterosexual*
l'omosessuale	*homosexual*
la lesbica	*lesbian*

amarsi; volersi	
bene	*to love each other*
innamorarsi	*to fall in love*
fidanzarsi	*to get engaged*
uscire insieme	*to go out together*

dormire insieme	*to sleep together*
avere rapporti	
sessuali	*to have sex*
vivere insieme	*to live together*

Il matrimonio *Marriage*

Congratulazioni nel giorno del vostro matrimonio!
Congratulations on your wedding day!

la cerimonia	*ceremony*
il certificato	*certificate*
la damigella	
d'onore	*maid of honour*
il giorno del matrimonio	
	wedding day
l'invito	*invitation*

15 La Vita *Life*

la luna di miele *honeymoon*
il marito   *husband*
il matrimonio civile
         civil marriage
il matrimonio religioso
         church wedding
il matrimonio, le nozze
         wedding
la moglie   *wife*
le nozze d'argento/d'oro
  silver/gold wedding anniversary
la sposa   *bride*
gli sposi novelli, gli sposini
         newlyweds
lo sposo   *bridegroom*
il testimone   *best man*
l'ufficio del registro
         registry office
la vera, la fede *wedding ring*

lo stato civile   *marital status*

Sono . . .   *I am . . .*
 celibe (m.); nubile (f.)
         single
 coniugato, -a; sposato, -a
         married
  divorziato, -a *divorced*
  separato, -a   *separated*
  scapolo   *bachelor*
  zitella   *spinster*
Vivo con un/una *I'm living with*
  compagno, -a. *a partner.*

il cognome
  da nubile   *maiden name*
il cognome da
  sposata/coniugata
         married name
la separazione *separation*
il divorzio   *divorce*

sposarsi   *to get married*

separarsi   *to get separated*
divorziare   *to divorce*
risposarsi   *to remarry*

La morte *Death*

Sono . . .   *I am . . .*
 vedovo, -a   *a widow/widower*
 a lutto   *bereaved,*
        in mourning
il funerale   *the funeral*
la bara   *coffin*
il cimitero   *cemetery*
la cremazione,
 l'incenerazione *cremation*
il lutto   *mourning*
la sepoltura   *burial*
la tomba   *grave*

avere il cancro *to have cancer*
avere un attacco
   cardiaco *to have a heart attack*
avere un colpo
  (apoplettico) *to have a stroke*
essere avvelenato *to be poisoned*
morire   *to die*
morire in un   *to be killed in*
  incidente   *an accident*
piangere la
  morte di . . . *to grieve*
porgere le   *to convey one's*
  (proprie)   *condolences*
  condoglianze
sepellire   *to bury*
suicidarsi   *to commit suicide*
uccidersi   *to kill oneself*

l'erede (m., f.) *heir, heiress*
ereditare   *to inherit*
l'esecutore
  testamentario *executor*
il testamento *will*

15 La Vita *Life*

Mio marito/mia moglie/ il mio amico/ la mia amica è morto, -a.	*My husband / my wife / my friend has died.*
Porgo le più sentite condoglianze.	*I would like to convey my deepest condolences.*
Sono profondamente afflitto per la tua/Sua/vostra triste perdita.	*I am very sorry to learn of your sad loss.*

Espressioni idiomatiche
....

Conoscere vita, morte e miracoli di qualcuno.
To know everything there is to know about someone.

Stare su con la vita. *To keep one's chin up.*

ADESSO TOCCA A TE!

● *If you write the six verbs below in their correct places you will obtain a well-known saying.*

Ci sono tre momenti importanti nella vita di un uomo: _____, _____ e _____. L'uomo non _____ di _____, _____ a morire e dimentica di _____.

morire,   dimentica,   nascere,   soffre,   si accorge,   vivere

---

16 Abbigliamento e moda *Clothes and fashion*

IL VESTIARIO
CLOTHES

La moda *Fashion*

la sfilata di moda	*fashion show*
il/la cliente	*client*
il commentatore, la commentatrice	*commentator*

il fotografo, -a	*photographer*
il/la giornalista di moda	*fashion journalist*
l'indossatrice, l'indossatore	*model*
la passerella	*cat walk*
lo/la stilista	*designer*
la top model	*supermodel*

Giacomo is wearing blue trousers, a red and white checked shirt, yellow socks and white trainers. He is carrying over his shoulder a dark blue pullover.

Giacomo indossa pantaloni blu, una camicia a scacchi bianchi e rossi, calze gialle e scarpe da ginnastica bianche. Porta un pullover blu sulle spalle.

Lorenza is wearing a white blouse, a black skirt, a red scarf, gold earrings, white tights and red high heeled shoes.

Lorenza indossa una camicetta bianca, una gonna nera, una sciarpa rossa, orecchini d'oro, e un paio di scarpe rosse a tacco alto.

Gli indumenti *Daily wear*

l'abito	*dress; suit*
l'abito sottoveste	*'petticoat' dress*
le bretelle	*braces*
il caftano	*kaftan*
le calze	*stockings*
i calzini	*socks*
i calzoni	*trousers*
i calzoncini corti; gli shorts	*shorts*

la camicetta	*blouse*
la camicia	*shirt*
la canotta	*vest-shaped top*
il cardigan	*cardigan*
la cintura	*belt*
il collant	*tights*
il completo; il tailleur	*suit* (woman)
il completo di maglia	*knitted twinset*
il corpetto	*waistcoat* (woman)
la cravatta	*tie*

il fazzoletto	
da collo	*cravat*
la felpa	*sweatshirt*
il gilè;	
il panciotto	*waistcoat*
la gonna	*skirt*
il grembiule	*apron*
i jeans	*jeans*
la maglia a	
collo alto	*rollneck sweater*
la maglia;	
il pullover	*jumper*
la maglietta;	
la T-shirt	*T-shirt*
la maglietta polo	*polo shirt*
il mini abito	*minidress*
i mini shorts	*mini shorts*
i pantaloni	*trousers*
lo smoking	*dinner jacket*
la tuta sportiva	*tracksuit*
l'uniforme;	
la divisa	*uniform*
la vestaglia	
da camera	*dressing gown*
il vestito	*suit*
il vestito	
da sera	*evening dress*
Che taglia ha?	*What size are you?*
	(clothes)

La biancheria intima
Underwear

il body	*body*
i calzettoni	*socks* (heavy/thick)
la calze (di nylon)	*stockings*
i calzini	*socks*
la camicia	
di notte	*nightdress*
la camiciola	*camisole*
la canottiera	*vest*

il collant	*tights*
la guaina	*corset, girdle*
le mutande	*underpants, briefs*
le mutandine	*panties, knickers*
il pigiama	*pyjamas*
il reggicalze	*suspender belt*
il reggiseno	*bra*
la sottogonna	*underskirt*
la sottoveste	*petticoat, slip*

Gli indumenti invernali
Outerwear

il berretto	*cap*
il berretto	
di lana	*woolly hat*
il cappello	*hat*
il cappotto	*overcoat*
il cappuccio	*hood*
il foulard	
(pron. *foolar*)	*scarf* (square)
la giacca	*jacket*
la giacca a vento	*anorak*
i guanti	*gloves*
l'impermeabile	
(m.)	*raincoat*
il mantello	*cloak*
il montgomery	*duffle coat*
l'ombrello	*umbrella*
la sciarpa	*scarf*
il sudovest	*sou'wester*

Gli indumenti da spiaggia
Swimwear

il bikini	*bikini*
i calzoncini da	
bagno, lo slip	*trunks*
il costume	*swimming costume,*
da bagno	*swimsuit*
la cuffia	*swimhat*
la tuta da sub	*wetsuit*

16 Abbigliamento e moda *Clothes and fashion*

Che misura ha?	*What size do you take?*
	(hats, gloves, vests, etc.)
Misura grande/media/piccola	*Large / medium / small*

Le calzature *Footwear*

i mocassini	*mocassins*
le pantofole	*slippers*
le pedule	*climbing boots*
le pinne	*flippers*
i sandali	*sandals*
le scarpe	*shoes*
le scarpe a	
tacco alto	*high-heeled shoes*
a tacco basso	*low-heeled shoes*
comode, per	*comfortable*
camminare	*walking shoes*
con le stringhe	*lace-ups*
da football	*football boots*
da ginnastica;	
trainers	*trainers*
da tennis	*tennis shoes*
scollate/	
décolleté	*court shoes*
gli scarponcini	*lightweight boots*
gli scarponi	*mountaineering boots*
gli scarponi	
da sci	*ski boots*
gli stivaletti	*boots* (to the ankle)
gli stivali	*boots* (to the knee)

Espressione idiomatica
....

Un avvocato dei miei stivali.
A third-rate lawyer.

gli stivali	
di gomma	*wellington boots*
un paio di . . .	*a pair of . . .*
Che numero	*What size do you*
porta?	*take? (shoes)*
cambiarsi	*to change*
indossare	*to wear*
mettersi	*to put on*
numero	*size (shoes)*
provare	*to try on*
svestirsi;	
spogliarsi	*to get undressed*
togliersi	*to take off*
vestirsi	*to get dressed*

ADESSO TOCCA A TE!

● 1: It's raining! What are they wearing?

Lui/lei non indossa nulla! *He/she is not wearing anything!*

● 2: Unscramble the words in the right-hand column and match them to the definitions on the left:

Calzature estive	LANDSIA
Indumento da spiaggia	SCOMTUE
Accessorio per le mani	ITAGUN
Si indossa in testa	REBROETT
Si usa quando piove	BROOMELL

Le parti degli indumenti
The parts of garments

il modello (di carta)	*pattern (dressmaking)*
l'asola; l'occhiello	*buttonhole*
la cerniera lampo	*zip*
la cucitura	*stitches*
il colletto	*collar*
il corpetto	*bodice*
la costura	*seam*
la manica	*sleeve*
la mostra; il risvolto	*lapel*
l'orlo	*hem*
la piega	*pleat*
la pince	*dart*
il polsino	*cuff*
il risvolto della giacca	*lapel*
il risvolto dei pantaloni	*turn-up*
il risvolto della tasca	*flap of pocket*
le spalline	*shoulder straps*
la tasca	*pocket*

16 Abbigliamento e moda *Clothes and fashion*

Le stoffe; i tessuti
Materials

il cotone	*cotton*
il denim; il tessuto	
tipo jeans	*denim*
il feltro	*felt*
la gomma	*rubber*
il jersey	*jersey*
la lana	*wool*
il lino	*linen*
il nastro	*ribbon*
il nylon	*nylon*
il panno	*cloth, material*

la pelle	*leather*
la pelle	
scamosciata	*suede*
la pelliccia	*fur*
il pizzo	*lace*
la plastica	*plastic*
il poliestere	*polyester*
il raso	*satin*
la seta	*silk*
il tulle	*tulle*
il tweed	*tweed*
il velluto	*velvet*
il velluto a coste	*corduroy*

Espressioni idiomatiche
•••••••••••••••••••••••••••••••

Avere la stoffa. *To have the right stuff.*
Ha la stoffa dell'attore ma deve studiare molto. *He has the right stuff to be an actor but he still needs to study a lot.*
Tagliare i panni addosso a qualcuno. *To speak ill of someone.*

Lo stile *Styles*

a fiori	*floral*
a motivi;	
a disegni	*patterned*
a pallini; à pois	
(pron. pwah)	*spotted*
a pieghe	*pleated*
a quadri;	
a scacchi	*checked*
a righe	*striped*
attillato, -a;	
stretto, -a	*tight*
cascante	*baggy*
casual; sportivo, -a; informale	
	casual
che stona	*ill-matching*

classico, -a	*classical*
confezionato, -a	*off-the-peg*
corto, -a	*short*
da sera	
	formal evening dress
di moda	*fashionable*
elegante;	
alla moda	*smart*
formale	*formal*
in tinta unita	*plain*
lucido, -a	*shiny*
lungo, -a	*long*
stropicciato	*crumpled*
stampato, -a	*printed*
tartan	*tartan*
trasparente	*see-through, transparent*

La cura degli indumenti
Clothes care

accorciare	to shorten
allacciare;	
annodare	to tie
allungare	to lengthen
l'antitarme (m.)	moth repellent
appendere	to hang up (a suit)
l'appendiabiti (m.)	coat hanger
l'appendigonne (m.)	skirt hanger
attaccare un	
bottone	to sew a button
cambiare	to change
cucire	to sew

fare	to make
fare modifiche	to alter
il ferro	iron
il ferro a vapore	steam iron
l'attaccapanni	coat hook
lavare a secco	to dry clean
macchiare	to stain
pulire	to clean
rammendare	to mend
il rammendo	
invisibile	invisible mending
smacchiare	to remove stains
lo stiracalzoni	trouser press
stirare	to iron, to press
strappare	to tear

ADESSO TOCCA A TE!

● *What are they packing?*

Espressione idiomatica

Attaccare bottone.
To buttonhole

16 Abbigliamento e moda *Clothes and fashion*

Istruzioni *Cleaning instructions*

Lavare con acqua o a secco?	*Wash or dry clean?*
i simboli per il lavaggio	*washing symbols*
Lavare soltanto a secco	*Dry clean only.*
Lavare a mano.	*Handwash only.*
Lavare separatamente.	*Wash separately.*
Usare acqua tiepida.	*Use tepid water.*
Non mettere in centrifuga.	*Do not tumble dry.*
Non candeggiare.	*Do not use bleach.*
Non stirare.	*Do not iron.*
Usare ferro tiepido.	*Use cool iron only.*
Non inamidare.	*Do not use starch.*
Stendere ad asciugare all'aria aperta.	*Spread out to dry.*
Non mettere in ammollo.	*Do not soak.*
Questo tessuto scolorisce nel lavaggio.	*This product will lose colour when washed.*
Non usare detergenti.	*Do not use detergent.*
Pulire passando un panno umido.	*Wipe with a damp cloth.*
Asciugare lontano fa fonti di calore.	*Dry away from heat.*
Asciugare all'ombra.	*Dry in shade only.*
Non strizzare.	*Do not wring.*

lo sciogli calcare	*clothes softener*
la candeggina	*bleach*

l'apretto	*starch*
lo smacchiatore	*stain remover*
lo sbiancante	*whitener*

Il cucito *Dressmaking*

Cucilo! *Sew it up!*

l'ago	*needle*
il bottone	*button*
la cerniera lampo	*zip*
la chiusura	*fastener*
il ditale	*thimble*
il filo	*thread*
le forbici	*scissors*
l'infila-ago	*threader*

Proverbio
••••••••••••••
Per un punto Martin perse la cappa.
A stitch in time saves nine.

---

la macchina da cucire	*sewing machine*		lo spillo di sicurezza	*safety pin*
il metro (a nastro)	*tape measure*		la taglia; la misura	*size*
lo spillo	*pin*			

Espressione idiomatica
••••••••••••••••••••••••••••••••

Lavare i panni sporchi in famiglia.
Not to wash one's dirty linen in public.

GLI ACCESSORI
ACCESSORIES

la borsa	*handbag*
la borsa a tracolla; la tracolla	*shoulder bag*
il borsellino	*purse*
la cintura	*belt*
i guanti	*gloves*
il marsupio	*money bag, 'bum-bag'*

l'ombrello	*umbrella*
l'orologio da uomo/da donna	*watch (man's / woman's)*
lo scialle	*shawl*
la sciarpa	*scarf*
la tracolla	*shoulder straps for bags, binoculars, etc; bag with shoulder strap*

Proverbio
••••••••••••••

L'abito non fa il monaco.
The habit does not make the monk.

GIOIELLI E PROFUMI
JEWELLERY AND PERFUME

l'anello	*ring*
l'anello con sigillo	*signet ring*
l'anello di fidanzamento	*engagement ring*
la bigiotteria	*costume jewellery*
il braccialetto	*bracelet*
la catena; la catenina	*chain*
il ciondolo	*pendant*
la collana	*necklace*
la croce	*cross*
la fede; la vera	*wedding ring*
forare le orecchie/ il naso	*ear / nose piercing*
gli orecchini	*earrings*
l'orologio	*watch*
i passanti	*cufflinks*
la spilla da cravatta	*tie pin*
la spilla	*brooch*
il tatuaggio	*tattoo*
la tiara	*tiara*

Le pietre preziose e semipreziose, i metalli e il legno
Precious and semi-precious stones, metal and wood

Un diamante è per sempre!
Diamonds are forever!

l'ametista	*amethyst*
l'argento	*silver*
il bronzo	*bronze*
a 18/24 carati	*18/24 karats*
il corallo	*coral*
il cristallo	*crystal*
il diamante; il brillante	*diamond*
l'ebano	*ebony*
la gemma	*gem*
il legno	*wood*
il mogano	*mahogany*
l'opale	*opal*
l'oro	*gold*
la perla	*pearl*
il rame	*copper*
il rubino	*ruby*
lo smalto	*enamel*
lo smeraldo	*emerald*
lo zaffiro	*sapphire*

Il profumo *Perfume*

amaro	*bitter*
dolce	*sweet*
forte	*strong*
persistente	*persistent*
la cologna	*toilet water*
il deodorante	*deodorant*
la lavanda	*lavender*
lo spray	*spray*
il talco	*talc*

Proverbio

Non è tutto oro quel che luce.   *All that glitters is not gold.*

Espressione idiomatica

Valere tanto oro quanto pesa.   *To be worth one's weight in gold.*
Non per tutto l'oro del mondo!   *Not for all the tea in China!*

ADESSO TOCCA A TE!

● *1: What are they going to buy?*

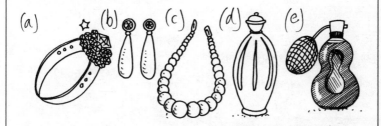

2: Make a list of what you and your partner are going to wear to a twenty-first birthday party. Don't forget make-up and jewellery!

17 **Mangiare e bere** *Eating and drinking*

mangiare	*to eat*		bere	*to drink*

MANGIAR FUORI
EATING OUT

'Cameriere!'

Qui si mangia bene . . . molto bene . . . benissimo . . . troppo!
Here you eat well . . . very well . . . very very well . . . too much!

il bar; il caffè	*bar*		la tavola calda	*snack-bar,*
il caffè	*café*			*lunch counter*
la mensa	*canteen*		la trattoria	*family-owned*
la paninoteca	*sandwich bar*			*restaurant*
la pizzeria	*pizza restaurant*			
il ristorante	*restaurant*		un posto libero	*a free place*
la rosticceria	*fast-food restaurant;*		Dov'è la	
	grill		toeletta?	*Where is the toilet?*
il self-service	*self-service*		il cameriere;	
			la cameriera	*waiter; waitress*

Manca/mancano . . .	*. . . is/are missing*
Può portarmi un/una . . .	*Please bring me . . .*
Passami; Mi passi . . .	*(Please) pass me . . .*
Hai . . .? Ha . . .?	*Have you got . . .?*

le posate	*cutlery*		il sale	*salt*
la forchetta	*fork*		la senape	*mustard*
il coltello	*knife*		la salsa	*sauce*
il cucchiaio	*spoon*		l'intingolo	*gravy*
il cucchiaio da			il pane	*bread*
portata	*serving spoon*		i grissini	*'bread sticks'*
il sottopiatto	*place mat*		la salsa di	
i condimenti	*condiments*		pomodoro	*tomato sauce*
l'aceto	*vinegar*		la salsa di soia	*soya sauce*
l'olio	*oil*		il bricco	
il pepe	*pepper*		(del caffè)	*coffee pot*

la brocca	*jug*		il pesce	*fish course*
la caffettiera	*coffee pot*		il dessert	*dessert*
il coperto	*place setting*		il dolce	*sweet, dessert*
la fondina;				
la scodella	*soup dish, bowl*		i contorni	*vegetable side dishes*
il piatto	*plate, dish*		l'insalata	*salad*
il portacenere	*ashtray*		il formaggio	*cheese*
la sedia	*chair*			
il sommelier	*wine waiter*		Che cos'è . . ?	*What is . . . ?*
lo stuzzicadenti	*toothpick*		Che cosa consiglia?	
il tavolo	*table*			*What do you recommend?*
la tazza e il			Vorrei . . .	*I'd like . . .*
piattino	*cup and saucer*			
la teiera	*teapot*		Com'è cotto, -a?	*How is it cooked?*
la tovaglia	*tablecloth*		a vapore	*steamed*
il tovagliolo	*napkin, serviette*		ai ferri; alla griglia	
il tovagliolo	*paper napkin,*			*grilled*
di carta	*serviette*		al forno	*baked*
il vassoio	*tray*		arrosto	*roasted*
			bollito, -a	*boiled*
la lista del giorno;			brasato, -a	*braised*
il menù	*menu*		cotto-, a	*cooked*
il piatto del			crudo, -a	*raw*
giorno	*dish of the day*		fritto, -a	*fried*
la portata	*course*		saltato, -a	*sautéed (lightly fried)*
l'antipasto	*hors d'oeuvre*			
il primo piatto	*first course*			
il secondo piatto	*main course*			

Note: **Fritto misto** can be a mixture of fried meats or, at coastal resorts, a mixture of fried fish.

Gusto e sapore *Taste and flavour*

Buon appetito!	*Enjoy your meal!*
Buon appetito!	*And you too!*
Mi piace.	*I like it.*
Non mi piace.	*I don't like it.*
. . . mi piace.	*I like . . .*
. . . non mi piace.	*I don't like . . .*
Sono sazio!	*I'm full!*
È buono.	*It's good.*
È tiepido.	*It's lukewarm.*
Non è abbastanza caldo.	*It's not hot enough.*
È troppo.	*It's too much.*

È (troppo)... *It is (too)...*

acido	*sour*
affumicato	*smoked*
amaro	*bitter*
asciutto	*dry*
caldo	*hot*
disgustoso	*disgusting*
dolce	*sweet*
duro	*tough*
freddo	*cold*
immangiabile	*inedible*
insipido	*tasteless*
nutriente	*nourishng*
raffermo	
(of bread)	*stale*
salato	*salty*
saporito	*tasty*
squisito	*delicious*
stantio	*stale*
tenero	*tender*

il capocuoco;	
lo chef	*chef*
il cuoco, la cuoca	*cook*
il lavapiatti	*washer-upper*

Il conto *The bill*

il coperto	*cover charge;*
	place setting
fare pagare	
troppo caro	*to overcharge*
l'IVA	*VAT*
lasciare la	
mancia	*to leave a tip*
la mancia	*tip*
pagare	*to pay*
il resto	*change* (balance)
la ricevuta	*receipt*
lo scontrino	*cash slip*
il servizio	*service charge*
gli spiccioli	*change* (coins)

Mi porti il conto, per favore.	*Can I have the bill, please?*
Possiamo pagare separatamente?	*Can we pay separately?*
Il servizio è incluso?	*Is service included?*
L'IVA è inclusa?	*Is VAT included?*

17 **Mangiare e bere** *Eating and drinking*

I PASTI *MEALS*

la (prima) colazione	*breakfast*	la cena	*dinner; supper*
il pranzo; la seconda colazione	*lunch*	la cena (leggera)	*tea*
		lo spuntino	*snack*

Sono a dieta.	*I am on a diet.*
Sono vegetariano, -a; sono vegan.	*I am a vegetarian; vegan.*
Non mangio carne/latticini.	*I don't eat meat / dairy products.*
la dieta latteo-vegetariana	*milk-and-vegetable diet*
Mi piace moltissimo . . .	*I love . . .*
Il mio cibo preferito è . . .	*My favourite food is . . .*

La colazione *Breakfast*

la pancetta affumicata	*bacon* (type of)
le uova	*eggs*
i cereali	*cereal*
il pompelmo	*grapefruit*
la macedonia (di frutta)	*fruit salad*
il succo d'arancia	*orange juice*
la crepe	*pancake*
lo scirroppo d'acero	*maple syrup*
il pane tostato	*toast*
i panini	*bread rolls*
il burro	*butter*
la marmellata	*jam*
la marmellata di arancia	*marmalade*
il müesli	*muesli*
il miele	*honey*
il formaggio	*cheese*
il prosciutto	*ham*
la panna	*cream*

Il pranzo e la cena *Lunch and dinner*

il brodo	*broth*
la minestra	vegetable soup made with pasta or rice
la minestrina	broth with tiny bits of pasta in it
il minestrone	rich soup made with vegetables, pulses, herbs and meat stock
la zuppa	*soup*
la zuppa di verdura	*vegetable soup*

la zuppa di pesce	*fish soup* (more like a fish stew)
il risotto alla milanese	risotto cooked in sautéed onions and chicken broth, flavoured with saffron and bone marrow and served dressed with butter and Parmesan cheese
il risotto ai funghi	*mushroom risotto* (with chopped onion)
il risotto alla marinara	*shellfish risotto*
la pasta	*pasta*
al dente	pasta cooked sufficiently without being soft
all'uovo	plain egg pasta
verde	egg pasta with spinach
al forno	baked pasta
in brodo	pasta cooked in broth or soup
gli anellini	very small rings of pasta
i capelli d'angelo	very thin spaghetti coiled in a nest shape
i cappelletti	small stuffed pasta like little hats
i canelloni	pasta filled with meat or vegetables and various other ingredients
le fettuccine; le tagliatelle	ribbon-shaped pasta
gli gnocchi	small dumplings made of potatoes and flour or, in Rome, baked disks of semolina, eggs and Parmesan
le lasagne	squares of pasta layered with various sauces
le orecchiette	small ear-shaped pasta
i panzerotti	a kind of ravioli stuffed with wild herbs
la pastasciutta	pasta dressed with a sauce
la polenta	yellow cornmeal flour cooked in water or milk, butter and Parmesan cheese, often served with game
i ravioli	*ravioli*
gli spaghetti	*spaghetti*
le stelline	tiny star-shaped pasta

la salsa	*sauce*
il pesto	*a sauce made with basil, garlic, pine kernels, olive oil and Parmesan cheese*
il ragù; il sugo di carne	*meat sauce*
la salsa di pomodoro	*tomato sauce*
la salsa di noci	*a sauce made with walnuts, Parmesan and cream*
le patate	*potatoes*
al forno	*baked*
arrosto	*roast*
al gratin	*au gratin; with melted cheese on top*
lesse; bollite	*boiled*
rosolate	*sautéed*
fritte	*chips*
il puré (di patate)	*mashed potatoes*

Gli spuntini *Snacks*

un pacchetto di patatine	*a bag of crisps*
un panino imbottito	*a filled roll*
un toast *(pron. tost)*	*a toasted sandwich*
un tramezzino	*a sandwich*

Il pane *Bread*

la pagnotta	*loaf*
la focaccina (dolce)	*bun*
il panino	*roll*
il cornetto; il croissant	*croissant*
il pane ...	
bianco	*white bread*
nero	*brown bread*
integrale	*wholemeal bread*
di segala	*rye bread*
a cassetta	*sliced bread*
il cracker	*cracker*
la focaccia	*flat bread similar to pizza topped with oil, onion or olives*

| la bruschetta | coarse-textured toasted bread rubbed with garlic and dressed with extra virgin olive oil |
| i crostini | *croutons* |

Le carni *Meats*

l'agnello	*lamb*
l'**a**natra	*duck*
il beccaccino	*snipe*
il cervo; il daino	*venison*
il cinghiale	*wild boar*
il coniglio	*rabbit*
il fagiano	*pheasant*
la lepre	*hare*
il maiale	*pork*
il manzo	*beef*
il montone	*mutton*
l'oca	*goose*
la pernice	*partridge*
la porchetta	*suckling pig*
il piccione	*wood pidgeon*

il pollame	*poultry*
il pollo	*chicken*
la quaglia	*quail*
il tacchino	*turkey*
il vitello	*veal*
la bistecca	*steak*
la bistecca fiorentina	*T-bone steak*
la braciola	*chop*
la carne macinata	*minced meat*
il **fe**gato	*liver*
la lingua	*tongue*
il rognone	*kidneys*
la salsiccia	*sausage*
la trippa	*tripe*

I salumi *Cold meats*

la bresaola	cured beef served in thin slices like Parma ham
la coppa	cured aromatic ham made from the shoulder
la mortadella	large pink sausage from Bologna
la pancetta	cured belly of pork used in many Italian dishes for extra flavour

il prosciutto cotto	*ham*
il prosciutto crudo	*Parma ham*
il salame	*salami*
la sopressata	*kind of brawn*
le specialità gastron**o**miche	*gastronomic specialities*

17 **Mangiare e bere** *Eating and drinking*

I formaggi *Cheeses*

il Bel Paese	mild, soft creamy cheese
il dolcelatte	a creamy type of gorgonzola
il gorgonzola	blue-veined mild cheese
il grana	mature hard cheese similar to Parmesan
il mascarpone	soft cheese made with fresh cream
la mozzarella	a cheese traditionally made with buffalo's milk but nowadays with cow's milk
il parmigiano	Parmesan cheese
il pecorino	sheep's or goat's cheese used instead of Parmesan
il provolone	buffalo's milk cheese
la ricotta	soft white cheese with crumbly texture

Il pesce *Fish*

i frutti di mare	*shellfish*
il pesce affumicato	*smoked fish*
il baccalà	*salted cod*
lo stoccafisso	*stockfish (dried cod)*

Note: Fish names can vary from one region to another.

Pesce d'acqua dolce *Freshwater fish*

l'anguilla	*eel*
il capitone	*large eel*
la carpa	*carp*
il carpione	*carp* (also a kind of large trout found in Lake Garda)
la lasca	*roach*
il pesce persico	*perch*
il salmone	*salmon*
la tinca	*tench*
la trota	*trout*

17 Mangiare e bere *Eating and drinking*

Pesce di mare *Sea fish*

l'acciuga; l'alice	*anchovy*
l'aringa	*herring*
il branzino	*sea bass*
il cefalo; la muggine	*grey mullet*
il merlano	*whiting*
il merluzzo	*cod*
il nasello	*hake*
il pesce spada	*swordfish*
il pescecane; lo squalo	*shark*
la razza	*skate*
il rombo	*turbot*
il pesce Sampietro	*John Dory*
la sarda; la sardina	*sardine*
lo sgombro	*mackerel*
la sogliola	*sole*
il tonno	*tuna*
la triglia	*red mullet*

Crostacei e molluschi *Shellfish and molluscs*

il calamaro	*squid*
il polpo	*octopus*
la seppia	*cuttlefish*
le ostriche	*oysters*
l'aragosta	*lobster*
il gamberetto	*small prawn*
i gamberi	*prawns*
il gamberone	*large prawn*
il granchio	*crab*
i mitili, le cozze	*mussels*
i pettini	*scallops*
lo scampo	*scampi*
le telline	*cockles*
le vongole	*clams*

17 Mangiare e bere *Eating and drinking*

La verdura *Vegetables*

Lavare prima di mangiare
Wash before eating

cotto, -a	*cooked*
crudo, -a	*raw*
grattugiato, -a	*grated*
l'aglio	*garlic*
l'asparago	*asparagus*
la barbabietola	*beetroot*
i broccoli	*broccoli*
il carciofo	*artichoke*
il cardo	*Swiss chard*
la carota	*carrot*
i cavoletti (di Bruxelles)	*Brussels sprouts*
il cavolfiore	*cauliflower*
il cavolo	*cabbage*
il cavolo rosso	*red cabbage*
il cetriolo	*cucumber*
la cipolla	*onion*
la cipollina	*spring onion*
il crescione (d'acqua)	*water cress*
l'erba cipollina	*chives*
il fagiolino	*green bean*
il fagiolino americano	*runner bean*
il finocchio	*fennel*
il fungo	*mushroom*
la lattuga	*lettuce*
la melanzana	*augergine, eggplant*
la patata	*potato*
il peperone	*pepper*
il pomodoro	*tomato*
il porro	*leek*
la rapa	*turnip*
il ravanello	*radish*
la scalogna	*shallot*
il sedano	*celery*

la zucca	*pumpkin*
lo zucchino	*courgette*

I legumi *Pulses*

i ceci	*chick peas*
il fagiolo	*bean*
la fava	*broad beans*
la lenticchia	*lentil*
il pisello	*pea*

La frutta *Fruit*

l'albicocca	*apricot*
l'ananas (m.)	*pineapple*
l'anguria; il cocomero	*watermelon*
l'arancia	*orange*
l'avocado	*avocado*
la banana	*banana*
il cachi	*persimmon*
la ciliegia	*cherry*
il fico d'India	*prickly-pear*
la fragola	*strawberry*
il kiwi	*kiwi fruit*
il lampone	*raspberry*
la limetta	*lime*
il limone	*lemon*
il mandarino	*mandarin; tangerine; satsuma*
il mango	*mango*
la mela	*apple*
la melagrana	*pomegranate*
il melone	*melon*
il mirtillo	*cranberry*
la mora	*blackberry*
la nespola	*medlar*
la pera	*pear*
la pesca	*peach*
il pompelmo	*grapefruit*
l'uvaspina	*gooseberry*

17 Mangiare e bere *Eating and drinking*

la susina;		il nocciolo	*stone*
la prugna	*plum*	la macedonia	
la buccia	*skin*	di frutta	*fruit salad*
la scorza	*peel* (lemon, orange)	fresca	*fresh*
il seme	*seed, pip*		

I dolci e gelati *Sweets and ice creams*

la cassata	ice cream made with candied fruit
il tiramisù	Tuscan trifle made with cream, coffee and Marsala wine
la torta di cioccolato	*chocolate cake*
la crostata di frutta	*fruit tart*
la crostata di ricotta	cheesecake made with ricotta
il panettone	sweet yeast dough with candied fruit and raisins
i bomboloni/i krapfen	*doughnuts*
il gelato	*ice cream*
il montebianco	chestnut purée 'mountain'
il panforte di Siena	flat, dense cake of nougat-like texture
le meringhe alla panna	*meringues and cream*
lo zabaglione	a fluffy dessert made with beaten eggs, sugar and Marsala wine
la zuppa inglese	*trifle*

LE BEVANDE
DRINKS

Bevande calde *Hot drinks*

un caffè	*a (cup of) black coffee*
il caffè	*coffee*
liofilizzato	*instant*
decaffeinato	*decaffeinated*
cappuccino	*cappuccino*
espresso	*espresso*
lungo	*weak(er) coffee*
ristretto	*strong*
macchiato	*with a dash of milk*
corretto	*coffee royal (with liqueur)*
amaro	*unsweetened*
con panna	*with cream*
il caffelatte	*milk with coffee*
	(usually served for breakfast)
il tè	*tea*
tè con . . .	*tea with . . .*
latte	*milk*
limone	*lemon*
zucchero	*sugar*
dolcificante	*sweetener*
l'infuso di . . .; la tisana	*fruit / herb tea, tisane*
l'infuso di rosa canina	*rosehip tea*
la camomilla	*camomile tea*
la bustina di tè	*teabag*
la cioccolata calda	*hot chocolate*
la tazza	*cup*
la tazzina	*coffee cup*
il piattino	*saucer*
il cucchiaino	*teaspoon*

Bevande fredde *Cold drinks*

le bibite	*soft drinks*
un bicchiere	*a glass*

due birre	*two glasses of beer*
una lattina	*a can*
una (mezza) bottiglia	*a (half) bottle*
un cartone	*a carton*
l'acqua	*water*
l'acqua minerale	*mineral water*
liscia	*still mineral water*
gassata	*fizzy mineral water*
la limonata	*lemonade*
l'aranciata	*orangeade*
l'aranciata amara	*bitter orangeade*
la Coca-Cola	*Coca-Cola*
il chinotto	a drink made with a variety of sour oranges
il succo di frutta	*fruit juice*
il succo di ...	
albicocca	*apricot*
mela	*apple*
pera	*pear*
pesca	*peach*
pomodoro	*tomato*
uva	*grapejuice*
la spremuta d'arancia	*orange juice* (freshly squeezed)
la spremuta di pompelmo	*grapefruit juice* (freshly squeezed)
la granatina di ...	*crushed ice with ...*
menta	*mint syrup*
amarena	*morello cherry syrup*
caffè	*coffee*
un caffè freddo	*a glass of cold coffee*
un tè freddo	*a glass of cold tea* (without milk)

Alcolici, superalcolici e analcolici
Alocohol, spirits and alcohol-free aperitives

Salute!	*Cheers!*
la birra	*beer*
chiara	*lager* (light)
scura	*stout* (dark)

il vino	*wine*
bianco secco	*dry white wine*
bianco amabile	*medium white wine*
bianco dolce	*sweet white wine*
rosso	*red wine*
rosé	*rosé wine*
il vino della casa	*house wine*
il vino da tavola	*table wine*
una coppa di champagne	*a glass of champagne*
una coppa di spumante	*a glass of Italian sparkling wine*
lo sherry	*sherry*
il porto	*port*
il marsala	a fortified wine from Sicily
il brandy	*brandy*
l'whisky (m.)	*whisky*
il rum	*rum*
la vodka	*vodka*
il fernet	*bitter digestive*
il vermouth	*vermouth*
l'aperitivo	*aperitif*
l'anacolico	*alcohol-free aperitif*
il digestivo	*digestive liqueur*
sorseggiare	*to sip*

ADESSO TOCCA A TE!

● *1: What would you say to order these drinks?*

I would like some . . . a . . .

● *2: Fill in a menu of your choice:*

LISTA DEL GIORNO

Antipasti

Insalata

_____
***
Primi piatti

_____
***
Dolci

_____
***
Pesce

_____
***
Formaggi

_____
***
Carni

_____
***
Frutta

_____
***
Contorni

_____
***
Gelati

_____
***

_____
***

18 La Cucina *Cooking*

i prodotti alimentari	*foodstuffs*
la preparazione del cibo	*food preparation*
i carboidrati	*carbohydrates*
la fibra	*fibre*
il grasso	*fat*
mono-insaturi	*monounsaturated*
organico, -a	*organic*

poli-insaturi	*polyunsaturated*
le proteine	*proteins*
le vitamine	*vitamins*
liquido	*liquid*
solido	*solid*
il cuoco, la cuoca	*cook*
Fa bene!/ Fa male!	*It's good / bad for you!*

GLI INGREDIENTII
COOKING INGREDIENTS

la pasta	*pasta*
il riso	*rice*
la farina	*flour*
con lievito in polvere	*self-raising flour*
di grano duro	*durum wheat flour*
di grano tenero	*plain flour*
di mais	*maize flour*
fine di granturco	*cornflour*
la fecola	*potato flour*
il bicarbonato di soda	*bicarbonate of soda*
il lievito	*yeast*
la polvere lievitante	*raising agent*
lo zucchero	*sugar*
a velo	*icing sugar*
grezzo	*brown sugar*
in zollette	*sugar lumps*
vanigliato	*vanilla sugar*

I grassi *Fats*

il burro	*butter*

la margarina	*margarine*
l'olio	*oil*
d'oliva	*olive oil*
di semi	*frying oil*
di semi di girasole	*sunflower oil*

Latticini e uova
Dairy foods and eggs

il formaggio	*cheese*
fresco (e burroso)	*cream cheese*
grasso	*full-fat*
semigrasso	*half-fat*
magro	*low-fat*
fuso	*processed*
piccante	*strong*
dolce	*mild*
grattugiato	*grated*
il latte	*milk*
la panna	*cream*
la panna acida	*sour cream*
la ricotta	*ricotta (kind of cottage cheese)*
lo yoghurt	*yoghurt*
l'uovo	*egg*
il tuorlo	*egg yolk*
l'albume	*egg white*

18 La Cucina *Cooking*

La frutta secca e candita
Dried and candied fruit

le ciliege candite	*glacé cherries*
i datteri	*dates*
i fichi secchi	*figs*
le prugne secche	*prunes*
la scorza d'arancia candita	*candied peel*
la sultana	*sultanas*
la sultanina	*currants*
l'uva secca	*raisins*

Le noci *Nuts*

gli arachidi	*peanuts*
le castagne	*chestnuts*
le mandorle	*almonds*
le nocciole	*hazelnuts*
le noccioline di acagiù	*cashew nuts*
le noci	*walnuts*
le noci di cocco	*coconuts*
i pinoli	*pine kernels*
i pistacchi	*pistachios*

ADESSO TOCCA A TE!

● *Make a list of the ingredients for a super-rich iced cake (at least 12 ingredients!).*

Erbe aromatiche, spezie e condimenti
Herbs, spices and condiments

l'aceto	*vinegar*
l'aglio	*garlic*
l'alloro	*bay leaf*
l'aneto	*dill*
l'anice (m.)	*aniseed*
il basilico	*basil*
la canella	*cinnamon*
i capperi	*capers*
i chiodi di garofano	*cloves*
il coriandolo	*coriander*
il dragoncello	*tarragon*
l'erba cipollina	*chives*
il finocchio	*fennel*
la maggiorana	*marjoram*
la menta	*mint*
la noce moscata	*nutmeg*
le olive nere	*black olives*
le olive verdi	*green olives*
l'origano	*origano*
il pepe	*pepper*
il prezzemolo	*parsley*
il rosmarino	*rosemary*
il sale	*salt*
la salvia	*sage*
il timo	*thyme*
la vaniglia	*vanilla (pods)*
lo zafferano	*saffron*
lo zenzero	*ginger*

18 La Cucina *Cooking*

GLI UTENSILI DA CUCINA *KITCHEN UTENSILS*

È sulla mensola.	*It's on the shelf.*
È nel cassetto.	*It's in the drawer.*
È nell'armadio a muro.	*It's in the wall cupboard.*
È nel frigo.	*It's in the fridge.*
È nella lavastoviglie.	*It's in the dishwasher.*
Chi lava i piatti?	*Who does the washing up?*
Io lavo e tu asciughi.	*I'll wash and you dry.*
Ecco la salvietta.	*Here's the tea-towel.*

l'affilatoio	*sharpener*	la macchinetta	
l'apri bottiglie (m.)	*bottle opener*	da caffè	*coffee maker*
l'apriscatole (m.)	*tin opener*	il macinacaffè	*coffee grinder*
la bilancia	*weighing scales*	il macinapepe	*pepper mill*
il bollitore	*kettle*	il mattarello	*rolling pin*
la caffettiera	*coffee pot*	il mestolo	*ladle*
la casseruola	*saucepan, stewpan*	il mixer	*mixer*
il cavatappi	*corkscrew*	il mortaio	*mortar*
il colapasta	*colander* (for pasta)	la padella	*frying pan*
il colino	*tea strainer*	la paletta	*slice*
il contaminuti	*timer*	il pelapatate	*potato peeler*
il cucchiaio		la pentola	*saucepan, saucepot*
di legno	*wooden spoon*	la pentola	
la formina		a pressione	*pressure cooker*
tagliapasta	*pasta-cutter*	il pestello	*pestle*
il fornello	*hob*	la placca	*baking tray*
il forno	*oven*	la rotella	*pastry cutter*
il forno a		tagliapasta	(indented wheel)
microonde	*microwave oven*	lo schiaccianoci	*nutcracker*
il frullatore	*blender*	la scodella	*bowl*
il frullino	*whisk*	il setaccio	*sieve*
la griglia	*grill*	lo spremiagrumi	*lemon squeezer*
la grattugia	*grater*	il tagliere	*board*
i guanti da forno	*oven gloves*	la teglia	*roasting tin*
l'imbuto	*funnel*	il termostato	*thermostat*
l'impastatrice	*kneading machine*	il tostapane	*toaster*
	(for making pasta)	il trinciante	*kitchen knife*
la macchina		il trinciapollo	*poultry shears*
per pasta	*pasta machine*		

18 La Cucina *Cooking*

VERBI UTILI
USEFUL VERBS

affettare	*to slice*
ammollare	*to soak* (beans)
arrostire	*to roast*
bollire; lessare	*to boil*
brasare	*to braise*
colare; filtrare	*to strain*
scolare	*to drain*
congelare	*to freeze*
cucinare	*to cook*
cuocere	*to cook*
cuocere a vapore	*to steam*
cuocere al forno	*to bake*
cuocere alla griglia	*to grill*
far bollire lentamente	*to simmer*
farcire	*to stuff*
friggere	*to fry*
ghiacciare	*to freeze*
glassare	*to ice* (a cake)
guarnire	*to garnish*
immergere	*to dip, to immerse*
impanare	*to dip in beaten egg and coat with fine breadcrumbs*
impastare	*to knead*
irrorare	*to baste*
marinare	*to marinate*
mescolare; amalgamare mischiare	*to mix*
miscelare	*to mix* (liquids)
montare	*to whisk* (cream)
passare	*to strain* (vegetables)
rimestare	*to stir*
rosolare	*to sautée, to fry lightly*
sbattere	*to beat; to whisk* (eggs)
sbucciare; pelare	*to peel*
schiacciare	*to crush*
sciogliere	*to melt*
scongelare	*to thaw*
sgranare	*to shell* (peas)
sgusciare	*to shell* (prawns, nuts)
stufare	*to stew*
tagliare	*to cut*
tostare; abbrustolire	*to toast*
tritare	*to mince* (meat)
tritare	*to chop*

ADESSO TOCCA A TE!

● *Read each word, then write in Italian an associated word. (E.g. its opposite or something that goes with it: pane – pagnotta, panino.)*

pane _____   acqua _____   olio _____

sale _____   margarina _____   mele _____

carne _____   frutta _____   cotto _____

salame _____   lievito _____   frutta fresca _____

piccante _____   vaniglia _____   saporito _____

19 Casa e giardino *House and garden*

ALLOGGI E SISTEMAZIONE
HOUSING AND ACCOMMODATION

l'attico	*penthouse*
il bilocale per la nonna	*granny flat*
la casa	*house*
la casa colonica	*farmhouse*
la casa con giardino	*house with a garden*
la casa popolare	*council house*
la casa unita ad un'altra	*semi-detached house*
lo chalet	*chalet*
l'edificio	*building*
la fattoria	*farm*

la fila di case a schiera	*terraced houses*
il garage	*garage*
il garage a due posti	*double garage*
la locanda	*inn*
il posto macchina	*parking space*
lo studio	*studio*
la villa	*villa*

l'ascensore (m.)	*lift, elevator*
l'appartamento	*flat, apartment*
il condominio	*condominium*
la casa/l'appartamento in affitto	*rented house/flat*

La casa in cui abito è mia.	*I own my own house.*
La casa in cui abitiamo è nostra.	*We own our own house.*

l'agenzia immobiliare	*estate agency*
la società di credito immobiliare	*building society*
il mutuo	*mortgage*
il prestito	*loan*
il compratore, la compratrice	*buyer*
il venditore, la venditrice	*seller*

l'agente immobiliare (m.)	*agent*
la chiave	*key*
la perizia	*survey*
il geometra; il perito edile	*building surveyor*
il notaio	*notary*

Note: In Italy conveyancing is normally carried out by a public notary.

PEGLI Villa Gavotti in recente caseggiato signorile, vendiamo libero 6 VANI (doppi servizi) più bibalconi e 2 box; ottime condizioni, soleggiato, vista mare.

SESTRI Villini Rollino vendiamo in cooperativa, libero splendido 6 VANI, luminosissimo, vista aperta più bibalconi e posto auto in garage: 200.000.000.

l'inserzione (f);
  l'annuncio   *advertisement*
la posizione tranquilla/
  centrale   *quiet/central location*
vicino a . . .;
  in prossimità
  di . . .   *near to . . .*
comodo, -a per . . . *convenient for . . .*
la zona rurale   *rural situation*

l'aria
  condizionata   *air conditioning*
i doppi vetri   *double glazing*
l'isolamento
  acustico   *sound-proofing*
il materiale
  isolante   *insulation (material)*

il riscaldamento
  centrale   *central heating*
  a carbone   *coal-fired*
  a cherosene   *oil-fired*
  elettrico   *electric*
  a gas   *gas-fired*
  a legna   *wood-burning*
il combustibile
  solido   *solid fuel*

comprare   *to buy*
dare in affitto   *to let*
prendere in
  affitto   *to rent*
prendere in
  prestito   *to borrow*
dare in prestito   *to lend*
pagare   *to pay*

Espressioni idiomatiche
·····································
Casa mia.   *My house/home/place.*
Questo a casa mia si chiama faccia tosta.
This in my opinion is sheer impudence.
Stare a casa del diavolo. *To live at the back of beyond.*
A casa del ladro non si ruba. *There is honour among thieves.*

19 Casa e giardino *House and garden*

A CASA
AT HOME

I vani/i locali/le stanze
Rooms

Metti in ordine la tua camera!
Tidy your room!

il bagno; la stanza da bagno	*bathroom*
la camera (da letto)	*bedroom*
la camera degli ospiti	*spare room, guest room*
la cucina	*kitchen*
la doccia	*shower*
il gabinetto	*toilet*
il ripostiglio	*store room*
la sala da pranzo	*dining area*
il salotto; il soggiorno	*lounge / sitting room*
la stanza di servizio	*utility room*
la stanza dei giochi	*play room*
lo studio	*study*
la zona pranzo	*dining area*

Fissi ed infissi
Fixtures and fittings

l'accendigas (elettrico)	*gas-lighter (electric)*
l'acquaio; il lavandino	*sink*
il bagno	*bath*
il bidè	*bidet*
il cancello	*gate*
la carta igienica	*toilet paper*
la carta da parati	*wallpaper*
la cassetta delle lettere	*mail box*
il citofono	*entry / internal phone*
la finestra	*window*
il fornello	*hob*
il fornello; la cucina	*cooker*
il forno	*oven*
il frigo	*fridge*
l'interruttore	*switch*
il lavabo	*washbasin*
la lavastoviglie	*dishwasher*
la lavatrice	*washing machine*

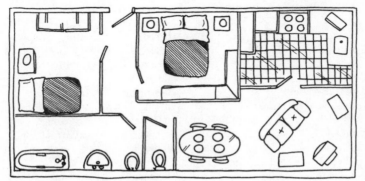

Label each room in this flat.

19 Casa e giardino *House and garden*

il miscelatore	*mixer taps* (water)
i mobili/gli armadi componibili	*fitted units*
la moquette (pron. *moket*)	*carpet* (fitted)
la pattumiera	*kitchen waste bin*
il pensile	*wall unit* (hanging)
le piastrelle	*tiles*
la porta	*door*
la porta d'ingresso	*front door*
il portone	*front door* (of apartment blocks)
la presa della corrente	*socket*
il radiatore	*radiator*
il rubinetto	*tap*
gli scaffali	*shelves*
lo scalda acqua	*water heater*
lo scalda bagno	*bath water heater*
lo specchio	*mirror*
il tappo (del bagno/ del lavabo)	*bath / sink plug*
il water (pron: *vater*); la tazza; il w.c. (pron: *vu chee*)	*toilet pan / cistern*

Le Parti della casa
Parts of the house

il pianterreno	*ground floor*
il primo piano	*first floor*
il balcone; il terrazzino	*balcony*
la cantina	*cellar*
il corridoio	*passage*
il garage	*garage*
l'ingresso; il vestibolo	*entrance hall*
la mansarda	*attic*
il muro	*wall*
il pavimento	*floor*

il pianerottolo	*landing*
il portico	*porch*
la scala	*stairs*
il seminterrato	*basement*
la serra	*conservatory*
il solaio	*loft*
la terrazza	*terrace*
il tetto	*roof*
il viale	*drive* (of house)

Mobili ed arredamento
Furniture and furnishings

l'armadio	*cupboard*
l'armadio a muro	*wallcupboard*
l'asciugamano	*towel*
il cassettone	*chest of drawers*
il cuscino	*pillow; cushion*
il guardaroba	*wardrobe*
la lampada	*lamp*
il lenzuolo	*sheet*
il lettino	*cot*
il letto	*bed*
la libreria	*bookcase*
l'orologio	*clock*
il pendolo	*pendulum clock*
il piumino; la coperta imbottita	*quilt / duvet*
la poltrona	*armchair*
il portacenere	*ashtray*
la sedia	*chair*
la sedia a dondolo	*rocking chair*
il seggiolone	*high chair*
lo sgabello	*stool*
il sofà; il divano	*sofa, settee*
il tappeto	*rug, carpet*
il tavolino	*coffee table*
il tavolo; la tavola	*table*
le tende	*curtains*
il vaso	*plant pot*

19 Casa e giardino *House and garden*

la radio	*radio*	il televisore	*television set*
il registratore	*cassette recorder*	il video	*video*

ADESSO TOCCA A TE!

● *What would you like? For which room?*

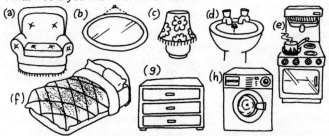

la camera da letto   la cucina   il bagno   il salotto
la sala da pranzo   la stanza di servizio

Vorrei un/uno/una/un' . . . nuova/nuova per il/lo/la/l'. . .
I would like a new . . . for the . . .

I lavori di casa *Housework*

l'aspirapolvere (m.)	*vacuum cleaner*

il battitappeto	*carpet sweeper*
la cera per mobili	*furniture polish*

Mio marito non lavora.
È casalingo.

la casalinga, il casalingo	*housewife, househusband*
la donna/l'uomo delle pulizie	*cleaner* (person)

la cera per pavimenti	*floor wax*
il detergente	*detergent*
per tappeti	*carpet shampoo*

19 Casa e giardino *House and garden*

per i vetri	*window cleaning liquid*
per la vasca da bagno	*bath cleaning liquid*
per pavimenti	*floor cleaning liquid*
il disinfettante	*disinfectant*
la lucidatrice	*floor polisher (machine)*
la macchina puliscitappeto	*carpet cleaner (machine)*
la paletta per la spazzatura	*dustpan*
il panno	*cloth*
il panno/lo straccio per la polvere	*duster*
il prodotto per pulire il w.c.	*toilet cleaner*
il prodotto per pulire il forno	*oven cleaner*
il rotolo da cucina/ l'asciugatutto	*kitchen roll* (towel)
la scopa	*broom*
la scopa di cotone (o spugna) per lavare i pavimenti	*mop*
il secchio	*bucket*
la spazzola	*brush*
apparecchiare la tavola	*to lay the table*
asciugare	*to dry*
caricare/scaricare	*to load / unload*
la lavastoviglie	*the dishwasher*
lavare	*to wash*
lavare i piatti	*to wash up*
lavare; fare il bucato	*to do the washing / laundry*
lucidare	*to polish*
passare l'aspirapolvere	*to vacuum clean*
passare un panno su ...	*to wipe*
pulire	*to clean*
pulire i vetri	*to clean the windows*
rifare i letti	*to make the beds*
scopare	*to sweep*
sfrofinare	*to rub*
spolverare	*to dust*
strofinare con energia usando una spazzola dura	*to scrub*

19 Casa e giardino *House and garden*

IL GIARDINO
GARDEN

il giardinaggio	*gardening*
l'orticoltura	*horticulture*
l'aiuola	*flower bed*
l'albero	*tree*
l'arbusto	*shrub*
la baracca per	
gli attrezzi	*garden shed*
i bulbi	*bulbs*
il cespuglio	*bush*
la composta	*compost*
l'erba	*grass*
le erbe	
aromatiche	*herbs*
il fertilizzante	*fertiliser*
il letamaio	*compost heap*
i fiori	*flowers*
il crisantemo	*chrysanthemum*
il garofano	*carnation*
la margheritina;	
la pratolina	*daisy*
la rosa	*rose*
il letame	*manure*
l'orto	*vegetable garden*
la piccola serra	
a cassetta	*cold frame*
la pianta	*plant*
il propagatore	*propagator*
il sentiero	*path*
la serra	*greenhouse*
la siepe	*hedge*
il tappeto	
erboso	*lawn*
il vaso	*plant pot*

Gli arnesi *Tools*

la carriola	*wheelbarrow*
le cesoie	*secateurs*
il forcone	*fork*
l'inaffiatoio	*watering can*

la paletta; il	
trapiantatoio	*trowel*
il rastrello	*rake*
lo spruzzatore	*spray gun*
il tagliasiepe	*shears*
il tosaerba	*lawnmower*
il tubo per	
inaffiare	*hosepipe*
la vanga	*spade*
la zappa	*hoe*

In giardino *In the garden*

gli arredi da	
giardino	*garden furniture*
l'altalena	*swing*
il barbecue	*barbecue*
la carbonella	*charcoal*
la casetta dei giochi	
dei bambini	*Wendy-house*
il cortile	*play area*
la gabbia del	
coniglio	*rabbit cage*
la giostra	*roundabout*
l'ombrellone (m.)	*sunshade*
la panca	*bench*
lo scivolo	*slide*
la sedia a sdraio	*deckchair*
la sedia da	
giardino	*garden chair*
la statua	*statue*
la piscina	*swimming pool*
la vasca per i giochi	
(dei bambini)	*paddling pool*
la vaschetta per	
gli uccelli	*bird bath*
l'albero	*tree*
le radici	*roots*
il tronco	*trunk*
la corteccia	*bark*
il ramo	*branch*
il ramoscello	*twig*
la foglia	*leaf*

19 Casa e giardino *House and garden*

il ceppo	*stump*	cogliere	*to gather*
gli **alberi**		coltivare	*to cultivate, to grow*
da frutto	*fruit trees*	diserbare	*to weed*
gli **alberi**		fertilizzare	*to fertilise*
ornamentali	*flowering trees*	inaffiare	*to water*
		mietere	*to harvest, to reap*
il seme	*seed*	piantare	*to plant*
la piantina di		potare	*to prune*
semenzaio	*seedling*	raccogliere	*to pick*
la foglia	*leaf*	seminare	*to sow*
la pianta	*plant*	tagliare l'erba	*to cut the grass*
il bocciolo	*bud*	vangare	*to hoe*
il fiore	*flower, blossom*	vendemmiare	*to gather grapes*
il frutto	*fruit*	zappare	*to dig*
abattere	*to fell*		

ADESSO TOCCA A TE!

● *1: See if you can translate these proverbs:*

Chi semina vento raccoglie tempesta.
Chi non semina non miete.
Non cade foglia che Dio non voglia.

For more vocabulary on trees, please see section 41 *La Natura* (p.196).

ADESSO TOCCA A TE!

● *2: Can you identify the numbered items and complete the grid opposite?*

Materiale da costruzione
Building materials

il blocco da costruzione	*breeze block*
il bullone	*bolt*
la calce	*lime*
il calcestruzzo	*concrete*
il camino	*chimney*
il cemento	*cement*
i chiodi	*nails*
il comignolo	*chimney top*
la costruzione	*construction*
il dado	*nut*
i doppi vetri	*double glazing*
le fondamenta	*foundations*
la ghiaia	*gravel*
l'intonaco	*plaster*
l'isolamento (elettrico, termico, acustico) *insulation* (electric, thermal, acoustic)	
il legname (da costruzione)	*timber* (building)
il legno	*wood*
la malta	*mortar*
il mattone	*brick*
i muri	*walls*
le pareti	*walls* (internal)
le piastrelle	*tiles* (of walls/floor)
la pietra	*stone*
la sabbia	*sand*
la scala	*ladder*
le tegole	*tiles* (of roof)
le tegole (d'ardesia)	*slates*
il tetto	*roof*
il vano della porta; l'entrata	*doorway*
il vetro	*glass*
le viti	*screws*

Le tubature *Plumbing*

la caldaia	*boiler*
il canale di scarico	*sewer*
l'impianto dell'aria condizionata *air conditioning* (system)	
il materiale isolante	*lagging*
i radiatori	*radiators*
il riscaldamento	*heating*
il rubinetto	*tap*
lo scolo	*drain*
i tubi	*pipes*

Il sistema elettrico *Electrics*

gli accessori per il sistema elettrico *electrical fittings*	
l'ampère	*amp*
il cavo	*cable*
il cavo flessibile	*flexible cable*
i fili elettrici	*wires*
il fusibile	*fuse*
l'interruttore (m.)	*switch*
l'interruttore automatico	*circuit breaker*
la lampadina	*light bulb*
la presa	*power point*
la spina	*plug*
il volt	*volt*
il watt	*watt*
sotto tensione	*live*
neutro	*neutral*
la terra	*earth*

20 Manutenzione della casa *Home maintenance*

Il pittore e decoratore
Painter and decorator

la carta da parati	*wallpaper*
la carta smerigliata/ cartavetrata	*sandpaper*
la colla	*glue*
l'imprimitura	*primer*
la pennellessa	*paint brush* (large)
il pennello	*paint brush*
la pittura	*paint*
antiruggine	*anti-rust*
acrilica	*acrylic*
ad acqua	*water-based*
ad olio	*oil-based*
opaca	*matt*
lucida	*gloss*
idropittura	*emulsion*
il prodotto sverniciante	*paint stripper*
la scala (a pioli)	*ladder*
la mano di fondo	*undercoat*
la smerigliatrice	*sander*
lo stucco	*filler*
la vernice	*varnish*
la vernice a spruzzo	*spray paint*

Pittura fresca! *Wet paint!*

aggiustare; riparare	*to mend; to repair*
allentare	*to loosen*
carteggiare	*to sand*
costruire	*to build*
gettare le fondamenta	*to lay foundations*
inchiodare	*to nail*
intonacare	*to plaster*
martellare; battere col martello	*to hammer*
pitturare; dipingere; verniciare	*to paint*
raschiare; sverniciare	*to strip* (paint)
rimuovere; togliere	*to strip* (wallpaper)
scavare	*to excavate*
sciogliere (un nodo)	*to undo* (a knot)
slegare (uno spago)	*to untie* (a string)
trapanare; forare	*to drill*

Gli attrezzi *Tools*

la borsa degli attrezzi	*tool kit*
la cassetta degli attrezzi	*tool box*
il banco da falegname	*workbench*
il cacciavite	*screw driver*
il cavo di prolungamento	*extension cable*
il cavo; la fune	*cable*
il cesello	*chisel*
la chiave fissa; la chiave a settore	*spanner*
la chiave inglese	*adjustable spanner*
la levigatrice	*sander*
il maglio	*mallet*
il martello	*hammer*
la morsa	*clamp*
la pialla	*plane*
il piccone	*pick*
la pinza; un paio di pinze	*pliers*
la scure	*axe*
la smerigliatrice a nastro	*disc sander*
il trapano	

20 Manutenzione della casa *Home maintenance*

(elettrico)	*(electric) drill*	il piombino	*plumb line*
l'impalcatura	*scaffolding*	la cazzuola	*trowel*
l'impastatrice (f.)	*cement mixer*	la sega	*saw*
la livella	*level*	la pala; il badile	*shovel*
il metro a nastro metallico	*measure*	la punta da trapano	*drill bit*

Espressione idiomatica
•••••••••••••••••••••••••••••••

Essere tra l'incudine (*anvil*) e il martello
To be between a rock and a hard place.

SICUREZZA SUL LAVORO (Antinfortunistica)
SAFETY AT WORK

Gli elmetti devono essere indossati costantemente!
Helmets must be worn at all times

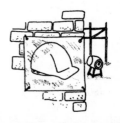

Allarme	*Alarm*
Assistenza medica	*Medical assistance*
Avviso!	*Warning!*
È vietato (l'uso/l'ingresso)	*Do not (use / enter)*
Estintore	*Fire extinguisher*
La scatola del pronto soccorso	*Medical kit*
Pericolo!	*Danger!*
Punto di raduno	*Assembly point*

ADESSO TOCCA A TE!

● *Label the items in this picture*

20 Manutenzione della casa *Home maintenance*

Uscita	*Exit*
Uscita di sicurezza	*Emergency exit*
Vietato fumare	*Smoking forbidden*
Vietato l'accesso ai non adetti ai lavori	*No admittance except on business*
Vietato l'accesso!	*No entry!*
Rompere il vetro	*Break the glass*
Indossare ...	*Wear ...*
gli indumenti di protezione	*protective clothing*
gli occhiali di protezione	*goggles*
i guanti	*gloves*
la maschera	*a mask*
indumenti sterelizzati	*sterilised clothing*
Lavarsi le mani.	*Wash your hands.*

l'ambulanza	*ambulance*	il vigile del	
l'assicurazione (f.)	*insurance*	fuoco	*fireman*
l'autopompa	*fire engine*		
la caduta	*fall*	avere bisogno di cure di emergenza	
la coperta			*to need emergency treatment*
antincendio	*fire blanket*	avere un incidente	
il corpo dei			*to have an accident*
pompieri	*fire brigade*	cadere	*to fall*
l'estintore (m.)	*fire extinguisher*	essere fulminato	*to be electrocuted*
il fuoco	*fire*	essere schiacciato	*to be crushed*
l'idrante (m.)	*fire hydrant*	rimanere	
l'incendio	*fire (destructive)*	intrappolato	*to be trapped*
l'incidente (m.)	*accident*	rimanere	
l'infortunio sul		ustionato	*to be burned*
lavoro	*industrial accident*	tagliarsi	*to cut oneself*
il pronto soccorso	*first aid*	comporre il 113	
la rianimazione		(ambulanza)	*dial 113 (ambulance)*
artificiale	*artificial resuscitation*	chiama: il 115	
la scossa		(vigili del fuoco)	*call the*
elettrica	*electric shock*		*fire brigade*
i servizi di pronto		il 112 (carabinieri)	
intervento	*emergency services*		*the police*
l'uscita di	*fire exit;*	il 116 (soccorso stradale)	
sicurezza	*emergency exit*		*breakdown recovery*

21 Il Lavoro *Work*

I Lavori *Jobs*

Sono dentista.	*I am a dentist.*
Lui è artista.	*He is an artist.*
Lei è ragionera.	*She is an accountant.*

accompagnatore turistico	*holiday courier (male)*	dottore, dottoressa	*doctor*
accompagnatrice turistica	*holiday courier (female)*	elettricista	*electrician*
addetto, -a alle consegne	*delivery man / woman*	falegname	*joiner*
		fisioterapista	*physiotherapist*
addetto, -a alle pulizie	*cleaner*	funzionario pubblico	*civil servant*
agricoltore	*farmer*	giardiniere, -a	*gardener*
amministratore	*company director*	grafico	*graphic designer*
amministratore delegato	*managing director*	idraulico	*plumber*
		impiegato, -a	*clerk*
artista; pittore, pittrice	*artist*	impiegato, -a statale	*civil servant*
attore, attrice	*actor, actress*	impiegato, -a di banca	*bank employee*
avvocato, avvocatessa	*lawyer*	infermiere, -a	*nurse*
bibliotecario, -a	*librarian*	ingegnere	*civil engineer*
cameriera	*chambermaid / waitress*	insegnante	*teacher*
		lavoratore agricolo	*agricultural worker*
cameriere	*waiter*	macchinista	*machine operator*
camionista (m.)	*lorry / truck driver*	macellaio	*butcher*
cantante	*singer*	manovale	*labourer*
carpentiere	*carpenter*	marinaio	*sailor*
chirurgo	*surgeon*	marmista	*marblemason*
commesso, -a	*shop assistant*	meccanico	*mechanic*
compratore	*buyer*	muratore	*bricklayer*
conciatetti	*tiler (roof)*	operatore di computer	*computer operator*
conducente; autista	*driver*	panettiere, -a	*baker*
contabile	*book-keeper; accountant*	parrucchiere, -a	*hairdresser*
		piastrellista	*tiler*
costruttore (edile)	*builder*	pittore e decoratore	*painter and decorator*
cuoca, -a	*cook*	poliziotto/donna poliziotto	*policeman / woman*
dentista	*dentist*		
dirigente	*executive*		

ponteggiatore	*scaffolder*
postino, -a	*postman / woman*
procuratore legale	*solicitor*
programmatore di computer	*computer programmer*
professore, professoressa	*lecturer*
progettista	*industrial designer*
radiologo, -a	*radiographer*
ragioniere, -a	*accountant*
rappresentante	*sales representative*
receptionist	*receptionist*
scalpellino; tagliapietre	*stonemason*
segretario, -a	*secretary*
soldato, soldatessa	*soldier*
specialista in moquette	*carpet fitter*
stilista	*fashion designer*
stuccatore; intonacatore	*plasterer*
studente, studentessa	*student*
tassista	*taxi driver*
tecnico dell'impianto di riscaldamento	*heating engineer*
un uomo/una donna d'affari	*businessman / woman*
venditore, venditrice	*salesman / woman*
vetraio	*glazier*
vigile del fuoco; pompiere	*fireman*

Note: The usual way to state one's occupation is as above but it is also possible to say: **Sono un/uno/ una/un' . . .** or: **Faccio il/lo/l'/la . . .**

il sussidio di disoccupazione	*unemployment benefit*
l'ufficio di collocamento	*employment office*
la riqualificazione	*retraining*
il corso di aggiornamento	*refresher course*

I sindacati *Unions*

Confederezione Sindacale	*Trades Union Congress*
l'unione sindacale	*trades union*
il/la sindacalista	*trades unionist*
il membro dei sindacati	*trades union member*
i contributi sindacali	*trades union contributions*

Lavoro a orario ridotto.	*I work part-time.*
Lavoro a tempo pieno.	*I work full time.*
Lavoro come libero professionista.	*I work freelance.*
Lavoro a orario flessibile.	*I work flexitime.*
Faccio i turni.	*I work shifts.*
Lavoro in proprio.	*I am self-employed.*
Sono disoccupato, -a.	*I am unemployed.*
Ricevo il sussidio di disoccupazione.	*I am on unemployment benefit.*
Sono pensionato, -a; Sono in pensione.	*I am retired.*
Andare in pensione.	*To retire.*

21 Il Lavoro *Work*

la riunione sindacale	*trades union meeting*
la quota d'iscrizione	*membership fee*
la tessera d'iscrizione	*membership card*
il delegato	*delegate*
il delegato di fabbrica	*shop steward*
lo sciopero	*strike*
lo sciopero a singhiozzo	*wild-cat strike*
lo sciopero bianco	*working to rule*
la vertenza sindacale	*trade dispute*
il sindacato padronale	*employer's association*
l'accordo	*agreement*

Paghe e salari *Pay and salary*

i guadagni	*earnings*
lo stipiendio	*salary*
la paga; il salario	*wage*
l'onorario	*fee* (lawyer, doctor)
l'imposta sul reddito	*income tax*
l'assicurazione sociale (f.)	*national insurance*
il contributio (pensionistico)	*pension contribution*
la pensione	*pension*
il giorno di paga	*pay day*
la busta paga	*pay packet*
il foglio paga	*pay slip*
il bonifico bancario; il giroconto	*bank transfer*
le trattenute	*deductions*
l'IVA (Imposta Valore Aggiunto)	*VAT*
le trattenute sulla retribuzione	*PAYE*

settimanalmente	*weekly*
mensilmente	*monthly*
netto, -a	*net*
lordo, -a	*gross*

lavorare	*to work*
lavorare a turni; fare i turni	*to work in shifts*
timbrare il cartellino d'entrata	*to clock on*
timbrare il cartellino d'uscita	*to clock off*
guadagnare	*to earn*
fare lo straordinario	*to do overtime*
avere riunioni	*to have meetings*
partecipare ad una riunione	*to attend a meeting*
essere d'accordo	*to agree*
dissentire; non essere d'accordo	*to disagree*
discutere	*to discuss*
redigere il verbale	*to take the minutes*
vendere	*to sell*
comprare	*to buy*
viaggiare	*to travel*

Il luogo di lavoro *The workplace*

Lavoro . . .	*I work . . .*
alla catena/linea di montaggio	*at an asembly line*
alla macchina	*at a machine*
alla sede centrale	*at the head office*
alle attrezzature	*with equipment*
all'ufficio servizio clienti	*in customer services*
in un ufficio	*in an office*
in commercio	*in business*

in un albergo *in an hotel*

in un ambulatorio/
gabinetto
medico *in a surgery*

in un istituto per
studi superiori/
in un college *at a college*

in un magazzino *in a warehouse*

in un negozio *in a shop*

in un ospedale *in a hospital*

in un punto di vendita
al dettaglio *in a retail outlet*

in un ristorante *in a restaurant*

in un
supermercato *in a supermarket*

in una clinica *in a clinic*

in una fabbrica *in a factory*

in una scuola *at a school*

in uno studio (medico/
dentistico) *in a surgery*

in uno studio (televisivo/d'artista/
cinematografico, ecc.)
  in a studio

in un'officina *in a workshop*

nel campo delle
vendite all'ingrosso/
al dettaglio *in wholesale / retail*

nel reparto controllo
qualità *in quality control*

nel reparto imballaggi
  in packaging

nella distribuzione
  in delivery

nella produzione *in production*

per una compagnia di di
assicurazioni
for an insurance company

per una società affiliata/controllata
for a subsidiary company

per una società *for a limited*
per azioni *company*

per/in una ditta *for a firm*

per/in una società compagnia/
azienda
  for a company

a casa *at home*

ADESSO TOCCA A TE!

● *Write a list of five jobs and say in Italian where the work is carried out.*

Produzione e servizi
Manufacturing and service industries

Lavoro . . . *I work . . .*

Faccio il
tirocinio . . . *I am a trainee . . .*

nell'industria *in the manufacturing*
manifatturiera *industry*

nel settore *in the*
servizi *service industry*

Lavoro nell' *I work in the*
industria . . . *. . . (industry):*

agricola *agriculture*

alimentare *food*

calzaturiera *footwear*

cinematografica *film*

degli strumenti di
precisione *precision instruments*

dei trasporti
marittimi *shipping*

del tempo libero *leisure*

21 Il Lavoro *Work*

della carta	*paper*
della gomma	*rubber*
della stampa	*publishing*
delle bibite	*soft drinks*
dell'abbigliamento	*clothing*
dell'energia elettrica	*power*
edile	*construction*
elettronica	*electronics*
estrattiva	*mining*
farmaceutica	*pharmaceutical*
medica	*medicine*
motoristica/degli autoveicoli	
	motor
orticola	*horticulture*
ortofrutticola	*fruit and vegetables*
petrolifera	*oil*
sideurgica	*steel*
tessile	*textiles*
turistica	*travel and tourism*
vinicola	*wine production*

nel campo/	
settore . . .	*in the . . . field:*
acquisti	*purchasing*
approvigionamenti	*catering*
bancario	*banking*
commerciale	*commerce*
dei trasporti	*transport*
del design	*design*
della produzione di utensili	
	tool making
della ricerca	*research*
della ricerca	
di mercato	*market research*
delle comunicazioni	
	communications

delle costruzioni stradali	
	road building
delle telecomunicazioni	
	telecommunications
dell'energia nucleare	
	nuclear power
dell'informatica	*information*
	technology
dell'ingegneria civile	
	civil engineering
dell'ingegneria elettrotecnica	
	electrical engineering
scientifico	*science*
vendite	*sales*

paesi industrializzati	
	industrialised countries
paesi in via di sviluppo	
	developing countries
settore primario/secondario/terziario	
	primary / secondary / tertiary sector

Lavoro . . .	*I work . . .*
con la gente	*with people*
con animali	*with animals*
a contatto con il pubblico	
	in contact with the public
ad una macchina computerizzata	
	a computer-controlled machine
al tornio	*on a lathe*
Opero una	
macchina.	*I work a machine.*

Assisto . . .	*I assist . . .*
Coordino . . .	*I co-ordinate*
Distribuisco . . .	*I distribute . . .*
Faccio dimostrazioni.	*I demonstrate* (products).

21 Il Lavoro *Work*

Faccio lavoro d'ufficio.	*I do the paperwork.*
Produco ...	*I manufacture ...*
Progetto ...	*I design ...*
Sbrigo la corrispondenza.	*I deal with the correspondence.*
Sono pubblicitario.	*I deal with publicity;*
	I am an advertiser.
Sviluppo ...	*I develop ...*
Tengo la contabilità.	*I do the accounts.*
Vendo ...	*Sell ...*

ADESSO TOCCA A TE!

● *Jobs and work – match items from the two columns to obtain the occupations:*

(1)	il programmatore	(*a*)	delegato
(2)	l'addetto	(*b*)	di geografia
(3)	il vigile	(*c*)	turistica
(4)	il funzionario	(*d*)	alle consegne
(5)	il disegnatore	(*e*)	grafico
(6)	la professoressa	(*f*)	del fuoco
(7)	il consigliere	(*g*)	di computer
(8)	la guida	(*h*)	pubblico

22 Il Curriculum Vitae *Curriculum Vitae*

Nome	Frank Herbert Bowles
Data di nascita	Nato a Londra il 13/5/70
Indirizzo	10 Carey Street, Maidstone, Kent, ME10 9AB
Telefono	(01622) 123456 (abitazione)
Nazionalità	Britannica
Stato civile	Coniugato
Dati fisici	Altezza m. 1, 79; peso kg.85
Esperienze di lavoro	1992 Stage di 3 mesi come parte del curriculum universitario presso la Società Sproggit di Birmingham. 1995-6 Coordinatore del reparto progettazione presso la Società Computaworks di Londra.
Studi	Laurea in Ingegneria (1993) conseguita alla Università di Brighton - Corso di informatica applicata presso Computer School di Edimburgo della durata di 6 mesi (1994).
Lingue Straniere	Italiano parlato e scritto correttamente.
Altre informazioni	Attitudine ai rapporti umani e all' autorganizzazione del lavoro. Disponibilità a viaggi e/o trasferimenti. Patente B (*car driving licence*)

Note: Italian CVs do not require any information about the private interests of the applicant.

il prodotto interno lordo	*gross domestic product*
il prodotto nazionale lordo	*gross national product*
l'agenzia	*agency*
l'azienda	*enterprise / business*
l'azienda privata	*privately-owned business*
la concessione; la licenza	*franchise*
la ditta	*firm*
la fabbrica	*factory*
l'impresa di pubblici servizi	*Public Utility*
la società a responsabilità limitata (Srl)	*Limited company (Ltd)*
la società per azioni (SpA)	*Public Limited Company (Plc)*
la filiale	*branch*
la sede centrale	*head office*
la società controllata	*subsidiary company*
l'acquisto	*purchase*
l'acquisto in blocco	*buy-out*
gli affari; il commercio	*business, trade*
l'assemblea societaria	*company meeting*
l'attività; l'attivo	*assets*
l'avanzamento	*progress*
il bilancio preventivo; il budget	*budget*
a breve termine	*short-term*
la camera di commercio	*chamber of commerce*
la comunicazione d'ufficio	*official communication*
il concorrente	*competitor*
le condizioni	*terms*

la conferenza	*conference*
il contratto	*contract*
il datore di lavoro	*employer*
il dipendente	*employee*
i doveri d'ufficio	*official duties*
l'elaboratore; il computer	*computer*
il fallimento	*bankruptcy*
la finanza	*finance*
il funzionario	*official* (of bank and government)
la gamma di prodotti	*range of goods*
il giro d'affari	*turnover*
l'interprete	*interpreter*
il leader di mercato	*market leader*
la licenza; la concessione	*licence*
il logo (gramma)	*logo*
a lungo termine	*long-term*
la macchina della ditta	*company car*
il marchio di fabbrica	*trademark*
il margine di profitto	*profit margin*
il negoziatore	*negotiator*
le norme	*regulations*
l'offerta pubblica di acquisizione	*take-over bid*
l'operazione commerciale	*business deal*
l'opzione	*option* (contracts)
il pagamento	*payment*
il passivo; la passivita	*liability*
il piano operativo	*operations plan*
il politica aziendale	*company policy*
il preventivo; la stima	*estimate*
il produttore	*manufacturer*
il profitto/la perdita	*profit / loss*

il progetto; il
piano   *project*
il programma; il
piano   *schedule*
il rapporto; la
relazione   *report*
la relazione dei revisori
dei conti   *audit report*
il rendiconto
finanziario   *financial statement*
lo sviluppo   *development*
il target; il
traguardo   *target*
il trasferimento   *transfer*
le trattative   *talks / negotiations*
il viaggio d'affari   *business journey*
comprare   *to buy*
consegnare;
distribuire   *to deliver*
dirigere   *to direct, to manage*
esportare   *to export*
gestire   *to manage*
importare   *to import*
lanciare un
prodotto   *to launch a product*
licenziare   *to dismiss, to sack*
licenziare perché in soprannumero
(pagando una indennità)
    to make redundant
mettere in Cassa   *to lay off (State-*
Integrazione   *subsidised)*
nominare; designare; incaricare
    to appoint

pagare   *to pay*
promuovere   *to promote* (a person)
publicizzare   *to promote* (a
    product)
ritirarsi   *to withdraw* (from
    business, politics)
selezionare   *to select*
spedire; mandare   *to send*

trasportare   *to transport*
vendere   *to sell*

LA SOCIETÀ
THE COMPANY

la base operaia;
le maestranze   *shop floor*
il deposito; il   *store* (room)
magazzino   *warehouse*
l'infermeria   *medial centre*
i locali; gli
immobili   *premises*
la mensa   *canteen*
l'officina; lo
stabilimento   *workshop*
il parcheggio   *car park*
la portineria; la
reception   *reception*
le provviste; le
scorte   *stores* (items of)
la sala del consiglio *boardroom*
di amministrazione
lo spazio aperto   *open-plan*
le toelette   *toilets, washroom*
gli uffici   *offices*

LA FORZA LAVORO
THE WORKFORCE

Nella sala del consiglio
In the boardroom

l'amministratore *company director*
l'amministratore
delegato   *managing director*
l'assistente
personale   *personal assistant*
il capo   *boss*
il consigliere   *advisor*
il consiglio di amministrazione
    board of directors
il consulente   *consultant*

il controllore dei
crediti   *credit controller*
il direttore, la direttrice;
il/la dirigente *manager*
il direttore
commerciale *commercial manager*
la gestione; l'amministrazione
management
il presidente *chairman*
i quadri intermedi *middle management*
il revisore dei
conti *auditor*
il segretario della
società *company secretary*
il vice; il delegato *deputy*

In ufficio   *In the office*

l'addetto, -a alle
pulizie *cleaner*
l'agente *agent*
l'agente di
assicurazioni *insurance agent*
l'archivista *filing clerk*
l'assistente *assistant*
il/la centralinista *switchboard
operator*
il coordinatore/la coordinatrice
d'ufficio *office suppervisor*
il corriere *courier*
il/la dattilografo/-a *typist*
che trascrive
da un nastro *audio-typist*
il/la custode *caretaker*
il/la receptionist *receptionist*
il/la rappresentante
representative
il/la segretario, -a
secretary
lo/la stenografo, -a
short-hand typist
il viaggiatore di
commercio *commercial traveller*

Le maestranze
The shop floor

l'apprendista *apprentice*
il/la capogruppo *team leader*
il lavoratore, la lavoratrice;
l'operaio, -a *worker*
il manovale *labourer*
il/la tirocinante *trainee*
il tecnico *technician*
l'operaio abile *handyman*

Nel reparto   *In the department*

Lavoro all'ufficio... *I work in the ...*
/nel reparto... *office / department*
acquisti/approvvigionamento
buying
amministrazione *administration*
cassa *cash*
controllo qualità *quality control*
esportazione *export*
finanziamenti *finance*
importazione *import*
legale *legal*
magazzino *stock room*
marketing *marketing*
personale *personnel*
produzione *manufacturing*
pubblicità *publicity*
ragioneria *accounts*
servizi *service*
servizio di
dattilografia *typing pool*
tecnico *technical*
vendite *sales*
Lavoro al centro *I work in the*
informatico. *computer centre.*

Le vendite   *Sales*

l'acquisto *purchase*
l'agenzia di vendita *dealership (agency)*

l'agenzia esclusiva *sole agency*
l'analisi *analysis*
l'autorizzazione (f.) *dealership*
  di vendita *(authorisation)*
la campagna di
  vendita *sales campaign*
il campione *sample*
il catalogo *catalogue*
il catalogo di vendita per
  corrispondenza *mail order catalogue*
il/la commerciante
  al minuto *retailer*
il componente *component*
la concessione *concession*
il consumatore,
  la consumatrice *consumer*
le conoscenze; le
  relazioni *contacts*
la distribuzione *distribution*
la documentazione *documentation*
l'espositore *exhibitor*
l'esposizione; la
  mostra *exhibition*
il fatturato *sales revenue*
la fiera commerciale *trade fair*
franco *free of all duties*
la garanzia *guarantee*
il gruppo addetto
  alle vendite *sales team*
l'indice delle
  vendite *sales performance*
il mercato estero *exports markets*
il mercato nazionale *home market*
l'offerta *offer*
l'opuscolo *brochure*
l'ordinazione (f.) per
  corrispondenza *mail order*
l'ordine *order*
per cento *per cent*
la percentuale *percentage*
il poster; il
  manifesto *poster*

la promozione
  delle vendite *sales promotion*
la pubblicità *publicity*
il punto di vendita *point of sale*
la quotazione; il prezzo corrente
  quotation
il reclamo *complaint*
lo sconto *discount*
lo stand; il banco
  d'esposizione *exhibition stand*
lo stanziamento
  pubblicitario *advertising budget*
i termini di
  pagamento *payment terms*
il venditore
  all'ingrosso *wholesaler*

I conti *Accounts*

accreditare *to credit*
addebitare *to debit*
la banca affiliata *clearing bank*
  alla stanza di
  compensazione
la bolletta; la
  polizza; il conto *bill*
il buono; l'autorizzazione (f.)
  di pagamento *voucher*
il certificato di
  assicurazione *insurance certificate*
il codice bancario *bank code*
le condizioni di
  credito *credit terms*
il contante; il
  denaro liquido *cash*
il conto cassa *cash account*
il conto perdite e *profit and loss*
  profitti *account*
i costi fissi *fixed costs*
il costo *cost*
Costo Assicurazione *Carriage insurance*
  Nolo *and freight (CIF)*
il credito *credit*

23 Gli Affari *Business*

il creditore — *creditor*
il debitore — *debtor*
il deposito — *deposit*
le facilitazioni
  creditizie — *credit inducements*
il fascicolo;
  l'archivio — *file*
la fattura — *invoice*
le fatture pro
  forma/simulate — *pro-forma invoices*
il flussogramma — *flow chart*
franco fabbrica — *ex-works*
franco; gratuito — *free (of charge)*
in credito — *in credit*
in debito — *in debt*
l'indennizzo — *compensation; indemnity; claim*
la lettera di credito — *letter of credit*
libero — *free (from restrictions or special rules)*
il pagamento — *payment*
la perdita — *loss*
la quietanza; la
  ricevuta — *receipt*
le referenza — *reference*
la referenze
  bancarie — *banker's reference*
il rendiconto;
  l'estratto conto — *statement*
la ricevuta di
  consegna — *delivery note*
il riferimento; il numero di
  protocollo — *reference number*
il rimborso — *refund*
il risarcimento — *compensation for*
  dei danni — *damages*
il saldo — *balance*
il saldo di conto — *settlement*
la scadenza — *expiry*
la spesa — *expenditure*
la tassa;
  l'onorario — *fee*

il termine massimo; la data di
  scadenza — *deadline*
i termini di
  pagamento — *payment terms*

La spedizione *Despatch*

l'attrezzatura — *equipment*
l'autorizzazione — *authorisation*
la cambiale — *bill of exchange*
il carico — *freight (goods); load*
il container — *container*
i dazi doganali — *customs duties*
il deposito; il
  magazzino — *depot*
la dimensione — *size*
i diritti di transito — *transit duties*
disponibile — *available*
il documento — *document*
l'eccedenza — *excess*
esaurito, -a — *out of stock*
in magazzino — *in storage*
in magazzino;
  disponibile — *in stock*
l'inoltro — *forwarding*
le merci — *goods*
il nolo — *freight*
non disponibile — *not available*
il permesso; la
  licenza — *permit*
il peso — *weight*
la polizza
  di carico — *bill of lading*
la rete — *network*
il ritardo — *delay*
scaduto, -a — *out of date*
la spedizione;
  il carico — *shipment*
la spedizione;
  la partita — *consignment*
lo spedizioniere — *freight forwarder*
le spese di — *transhipment*
  trasbordo — *expenses*

23 Gli Affari *Business*

le spese di trasbordo	*transport costs*
il transito	*transit*
il trasbordo	*tran(s)shipment*
il trasporto	*transport*
valido, -a	*valid*

Il marketing *Marketing*

la barriera al libero scambio	*trade barrier*
il dazio d'importazione	*import duty*
la quota; il contingente	*quota*
le restrizioni commerciali	*trade restrictions*
la tariffa	*tarif*
l'alternativa; la scelta	*option*
l'andamento/la tendenza del mercato	*market trend*
la previsione di mercato	*market forecast*
le ricerca di mercato	*market research*

La produzione/Il prodotto *Production/output*

la capacità produttiva	*capacity*
il controllo della qualità	*quality control*
la fabbrica; lo stabilimento	*factory, plant*
fatto a mano	*handmade*
l'impianto	*plant*
le macchine e gli impianti	*machinery and equipment*
le materie prime; il materiale greggio	*raw materials*

i prodotti eccedenti; l'eccedenza	*surplus*
prodotto in serie	*mass-produced*
la produzione in serie/di massa	*mass production*
la qualità	*quality*
la quantità	*quantity*
il rinnovo	*renewal*

L'attrezzatura *Equipment*

l'affrancatrice (f.)	*franking machine*
la busta	*envelope*
il calcolatore	*calculator*
il calendario	*calendar*
la carta	*paper*
la cartellina	*folder*
il casellario	*filing cabinet*
l'incartamento	*file; dossier*
il casellario della posta in arrivo	*in-tray*
il casellario della posta in partenza	*out-tray*
il cassetto	*drawer*
il cestino (della carta)	*waste bin*
la colla	*glue*
il computer	*computer*
il correttore liquido	*correction fluid*
la cucitrice (meccanica)	*stapler*
la dettatrice	*dictating machine*
il diluente	*correction fluid thinner*
il distruttore di documenti	*document shredder*
il dizionario	*dictionary*
la fotocopiatrice	*photocopier*
la gomma	*rubber, eraser*
la graffetta	*paperclip*
il fax; la telecopiatrice	*fax machine*

23 Gli Affari *Business*

la macchina da scrivere	*typewriter*	la sedia	*chair*
la macchina del caffè	*coffee machine*	la stampante	*printer*
la matita	*pencil*	il tavolo	*table*
il nastro adesivo	*sticky tape*	il telefono	*phone*
la penna	*pen*	il ventilatore	*fan*
la perforatrice	*hole punch*	le etichette autoadesive	*sticky labels*
la riga	*ruler*	le forbici	*scissors*
lo schedario; l'archivio	*file*	i francobolli	*stamps*
la scrivania	*desk*	i punti metallici	*staples*
		le puntine da disegno	*drawing pins*

Posso fare una fotocopia? — *Can I make a photocopy?*
Posso usare il fax (la telecopiatrice) — *Can I use the fax machine?*
Chiudi le avvolgibili./
  Tira le tende. — *Draw the blinds / curtains.*
Apri/chiudi la finestra. — *Open / close the window.*

ADESSO TOCCA A TE!

● *How many of these items can you name? What is the time and date?*

Note: Many English terms are used in practice, even when there is an Italian translation.

l'accesso	*access*
la barra spaziatrice	*space bar*
il compact disk; il CD	*CD*
i canali di comunicazione	*communication channels*
la capacità di memoria	*memory capacity*
compatibile	*compatable*
computerizzato	*computerised*
il cursore	*cursor*
la base di dati	*database*
le banche dati	*data banks*
il dischetto	*diskette*
il disk drive	*disk drive*
la posta elettronica	*electronic mail*
il disco rigido	*hard disk*
il disco flessibile; il floppy	*floppy disk*
l'elaboratore (m.) elettronico	*processor*
l'elaborazione (f.) dei dati	*data processing*
l'elaborazione (f.) dei testi	*word processing*
la finestra	*window*
l'icona	*icon*
l'impianto sonoro	*sound system*
l'informatica	*information technology*
l'informatica gestionale	*business information technology*
il lettore di codice a barre	*bar code reader*
il tasto	*key*
la tastiera	*keyboard*
il margine	*margin*

la memoria	*memory*
la memorizzazione del programma	*programme storage*
il micro-processore	*micro-processor*
il modem	*modem*
il monitor	*monitor*
il mouse	*mouse*
il nastro magnetico	*magnetic tape*
la parola d'accesso	*password*
il percorso	*path*
il personal computer	*PC*
il personal portatile	*portable PC*
il pigmento	*toner* (for printer)
il programma	*programme*
la raccolta dei dati	*data collection*
la rete dati	*network*
il ritorno	*return key*
la selezione	*switch*
la spina	*plug*
la stampante	*printer*
la stampante a laser	*laser printer*
il terminale	*terminal*
la trasmissione dei dati	*data transmission*
il virus	*virus*
il visualizzatore a cristalli liquidi	*liquid crystal display*
Non funziona.	*It doesn't work.*
Come si fa a ...?	*How do you ...?*
aprire	*open*
cliccare	*clic*
immettere; introdurre	*enter*
installare	*install*

24 Il Computer *The Computer*

digitalizzare	*key in*	spegnere	*switch off*
predisporre	*present*	accendere	*switch on*
caricare il		usare la tastiera	*to use the keyboard*
programma	*load the programme*	uscire	*exit*
salvare	*save*	sottolineare	*underline*
stampare	*print*	azzerare	*reset; clear*

È automatico.   *It's automatic.*
Come si fa il back up/il salvataggio
  di sicurezza?   *How does one back it up?*
Accendilo./Lo accenda. (form.)   *Switch it on.*
Spegnilo./Lo spenga. (form.)   *Switch it off.*

ADESSO TOCCA A TE!

● Label the objects in this office

25 Il Telefono *The Telephone*

il centralino	*switchboard*	occupato	*engaged*
il telefono interno	*extension*	il messaggio	*message*
l'autotelefono	*car phone*	è guasto	*it's out of order*
il chiamapersone	*pager*	il numero di	
il cellulare; il		telefono	*phone number*
telefonino	*portable phone*	la chiamata a carico del destinatario	
il modem	*modem*		*reverse-charge call*
la segreteria		il fax	*fax; fax machine*
telefonica	*answering machine*		
il codice telefonico	*dialling code*	telefonare	*to phone*
il segnale di libero	*dialling tone*	mandare un fax	*send a fax*
il servizio		chiamare	*to call*
informazioni	*directory enquiries*	richiamare	*to call back*

Al telefono *On the phone*

Pronto!	*Hello!*
Dica!; Desidera?	*Can I help you?*
Vorrei parlare con ...	*Can I speak to ...?*
Mi passi il numero interno ...	*Can I have extension ...?*
Attenda!	*Hold on!*
Non c'è.	*He / she is not there.*
È all'altra linea.	*He / she is on the other line.*
Posso farla richiamare?	*Can I get him / her to call back?*
Vuole lasciare un messaggio?	*Can I take a message?*
Posso lasciare un messaggio?	*Can I leave a message?*
Grazie della telefonata.	*Thank you for calling.*
Di nulla.	*Don't mention it.*
Mi scusi, ho sbagliato numero.	*I'm sorry, I've got the wrong number.*
Può ritelefonare?	*Can I call you back?*
Come si scrive?	*Can you spell it?*
Può ripetere?	*Can you repeat it?*
Può parlare più lentamente?	*Can you speak more slowly?*
Lasciare il messaggio dopo il segnale.	*Leave a message after the tone.*
Telefonare dopo ...	*Ring after ...*

25 Il Telefono *The Telephone*

Organizzare riunioni *Arranging meetings*

Dove ci incontriamo/vediamo?	*Where shall we meet?*
Quando ci vediamo?	*When shall we meet?*
tra mezz'ora	*in half an hour*
tra cinque minuti	*in five minutes*
domani	*tomorrow*
Scusa/scusi il ritardo.	*Sorry I'm late.*
Ti/La vengo a prendere.	*I'll pick you up.*

Incontriamoci ...	*Let's meet ...*	di fronte alla stazione	*opposite the station*
a casa mia	*at my house*	nel mio/tuo (Suo) ufficio	*in my / your office*
al bar	*in the bar*	nel ridotto (del teatro)	*in the theatre foyer*
al parcheggio	*in the car park*	nel ristorante	*at the restaurant*
alla fermata dell'autobus	*at the bus stop*	nella piazza del mercato	*in the market place*
alla ricezione; al bureau	*at reception*	nell'albergo	*in the hotel*
alla stazione	*at the station*	sul campo da golf	*on the golf course*
all'incrocio di ...	*at the junction of ...*	sul ponte	*on the bridge*
davanti al cinema	*in front of the cinema*		

Trovare scuse *Making excuses*

Non voglio.	*I don't want to.*
Non posso.	*I can't.*
Non (ne) ho (il) tempo	*I haven't got the time.*
Ho troppo lavoro.	*I have too much work.*
Non mi interessa.	*I'm not interested.*
Non ho denaro.	*I haven't any money.*
Ho un appuntamento.	*I have an appointment.*
Ho da fare; sono occupato, -a.	*I'm busy.*
Ho perso l'autobus.	*I missed the bus.*
La macchina non partiva.	*My car wouldn't start.*
Devo andare ...	*I have to go to ...*
dal dottore	*the doctor*
all'ospedale	*the hospital*
Mi scusi (form.) Scusami (fam.)	*I'm sorry.*

ADESSO TOCCA A TE!

● *What would you say?*

ARTE E ARTISTI
ART AND ARTISTS

l'arte (f.)	art
la galleria d'arte	art gallery
la collezione d'arte	art collection
la mostra d'arte	art exhibition
l'artista (m., f.)	artist
lo studio	studio
il, la designer	designer
lo, la stilista	designer (fashion)
il grafico	graphic designer
l'illustratore, l'illustratrice	illustrator

Disegno e pittura
Drawing and painting

l'acquarello	watercolour
il cavalletto	easel
il carboncino	charcoal
i colori	paints
la cornice	picture frame
il disegno	drawing
la natura morta	still life
il paesaggio	landscape
i pastelli	pastels
il pastello; il gessetto	crayon
il pennello	paintbrush
la pittura a olio	oil painting
il quadro, il dipinto	painting, picture
il ritratto	portrait
lo schizzo; il bozzetto	sketch
la vernice	varnish
abbozzare	to sketch
cesellare	to engrave
dipingere	to paint
disegnare	to design; to draw

Ceramica e scultura
Pottery and sculpture

l'arte della ceramica	ceramics
il vasaio	potter
la ceramica	pottery
l'argilla; la creta	clay
il tornio; la ruota (da vasaio)	wheel
il vaso	pot
lo scultore, la scultrice	sculptor
la scultura	sculpture
il calco; la forma; lo stampo	cast
il cesello; lo scalpello	chisel
l'intaglio	carving
il marmo	marble
il mezzobusto; il busto	bust
il modello	model
cuocere	to fire (ceramics)
formare al tornio	to throw (ceramics)
intagliare	to carve
progettare	to design
scolpire	to sculpt

Espressione idiomatica
....
Non avere né arte né parte. *To be good for nothing.*

---

26 Arte e musica *Art and music*

MUSICA E MUSICISTI
MUSIC AND MUSICIANS

la musica . . .	. . . *music*
classica	*classical*
da camera	*chamber*
sinfonica	*symphonic*
pastorale	*pastoral*
pop	*pop*
vocale	*vocal*
sacra	*sacred*

il canto gregoriano	*Gregorian chant*

il blues	*blues*
la musica country and western	
	country and western

la musica folcloristica/folk	
	folk
il jazz	*jazz*
la musica elettronica	*electronic music*
il rock	*rock*

la melodia; l'aria; il motivo	*melody*

l'accompagnatore, l'accompagnatrice	
	accompanist
gli amplificatori	*amplifiers*
l'assolo	*solo*
la bacchetta	*baton*
il cantautore, la cantautrice	
	singer-songwriter
le casse acustiche	*loudspeakers*
il/la chitarrista	*guitarist*
il complesso	*band*
il concerto	*concert*
il compositore	*composer*
il coro	*choir*

di voci bianche	*treble voices*
il direttore; il il maestro concertatore	
	conductor
il disc jockey	*disc jockey*
il duetto	*duet*
il gruppo	*group*
l'impresario	*impresario*
il/la musicista	*musician*
l'orchestra	*orchestra*
l'orchestra da camera	*chamber orchestra*
il/la pianista	*pianist*
il primo esecutore	*leader*
la pop star; il, la cantante pop	*pop star*
il, la solista	*soloist*
lo spartito	*score*
il suonatore, la suonatrice	*player*

IL/LA CANTANTE
SINGER

il cantante lirico	*opera singer* (male)
la cantante lirica	*opera singer* (female)
l'alto	*alto*
il baritono	*baritone*
il basso	*bass*
il mezzo soprano	*mezzo soprano*
il soprano	*soprano*
il tenore	*tenor*

26 Arte e musica *Art and music*

GLI STRUMENTI
INSTRUMENTS

Lo strumento a corda
Stringed instrument

gli archi	*strings*
l'arpa	*harp*
la chitarra	*guitar*
il contrabbasso	*double bass*
la viola	*viola*
il violino	*violin*
il violoncello	*cello*

Lo strumento a fiato
Wind instrument

l'armonica a bocca	*mouth-organ*
il clarinetto	*clarinet*
il corno	*horn*
il fagotto	*bassoon*
il flauto	*flute*
l'oboe (m.)	*oboe*
il sassofono	*saxophone*
la tromba	*trumpet*
il trombone	*trombone*

Lo strumento a percussione
Percussion instrument

la batteria	*drumkit*
il tamburo	*drum*
il tamburello	*tambourine*
il timpano	*kettle drum*
il triangolo	*triangle*
l'arpicordo	*harpsichord*
la fisarmonica	*accordion*
il piano (forte)	*piano*
l'organo	*organ*
la tastiera	*keyboard*

il disco	*record*
il giradischi	*record player*
la cassetta	*cassette*
la piastra di registrazione	*casette deck*
il registratore a cassette	*cassette recorder*
il CD; il compact disc	*CD; compact disc*
il CD	*CD player*
l'amplificatore (m.)	*amplifier*
le casse acustiche	*loudspeakers*
il microfono	*microphone*
il registratore	*recorder*

l'accordo	*chord*
la scala	*scale*
la chiave	*clef*
di violino/sol/ sopranu	*treble*
di basso	*bass*
il bemolle	*flat*
il diesis	*sharp*
la tonalità	*key*
maggiore	*major*
minore	*minor*
a tono	*in tune*
tono perfetto	*perfect pitch*
un buon/un cattivo musicista	*a good / poor musician*
una bella/una brutta voce	*good / poor voice*
accordare	*to tune (instruments)*
cantare	*to sing*
incidere un disco	*to cut a disk*
registrare	*to record to tape*
sintonizzare	*to tune (radio)*
steccare	*to sing / play a wrong note*
strimpellare	*to strum*
suonare	*to play*

il dèpliant	*leaflet*
l'opuscolo; il	
fascicolo	*brochure*
correggere	*to correct*
correggere le	
bozze	*to proof-read*
leggere	*to read*
pubblicare a	
puntate	*to serialise*
redigere; curare	*to edit*
scrivere	*to write*
scrivere a	
macchina	*to type*
stampare	*to print*

I libri *Books*

l'autobiografia	*autobiography*
l'autore, l'autrice	*author*
la biografia	*biography*
il biografo	*biographer*
il classico del	
brivido	*thriller*
i diritti d'autore	*royalties*
il dizionario	*dictionary*
il documentario	*documentary*
l'editore (m.)	*publisher*
l'enciclopedia	*encyclopaedia*
la fantascienza	*science fiction*
la favola; la	
fiaba	*fairy tale*
il giallo	*crime story*
la guida	
turistica	*guide book*
il frasario	*phrase book*
la leggenda; la storia leggendaria	
	legend
il libro	*book*
il libro di	
consultazione	*reference book*

il libro di	
testo	*text book*
il libro di	
viaggi	*travel book*
il libro tascabile	*pocket book*
il manuale; il	
prontuario	*manual, handbook*
la narrativa;	
il romanzo	*fiction*
la novella	*short story*
la poesia	*poetry*
la poesia; il	
poema	*poem*
il poeta, la	
poetessa	*poet*
il poliziesco	*detective story*
il romanzo	*novel*
il romanziere,	
la romanziera	*novelist*
il romanzo	
storico	*historical novel*
lo storico	*historian*
la trama	*plot*
il volume	*volume*
il capitolo	*chapter*
la carta	*paper*
la casa editrice	*publishing house*
il contenuto	*contents* (of a book)
la copertina	*cover*
l'illustrazione (f.)	*illustration*
il libro	
economico	*paperback*
il libro rilegato	*hard-cover book*
l'indice (m.)	*index; table of*
	contents
la pagina	*page*
il paragrafo	*paragraph*
la riga	*line* (prose)
il verso	*line* (poem)

Riviste e giornali
Magazines and newspapers

l'autore di servizi speciali	*feature writer*
il bisettimanale	*bi-weekly magazine*
il fotografo	*photographer*
il giornalista	*journalist*
il giornale; il quotidiano	*daily newspaper*
l'inviato speciale	*special correspondents*
il mensile	*monthly magazine*
il paparazzo	*'paparazzo'*
il redattore, -trice	*editor*
la rivista	*magazine*
il settimanale	*weekly magazine*
l'articolo	*article*
l'articolo di fondo	*editorial*
il bollettino borsa valori	*stock-market report*
il bollettino metereologico	*weather report*
la cronaca mondana	*society news*
la cronaca nera	*crime news*
la cronaca teatrale	*theatre news*
la disposizione (di una pagina)	*layout*
i fumetti	*cartoons*
i giochi enigmistici	*puzzles*
le previsioni del tempo	*weather forecast*
le notizie; la cronaca	*news*
le notizie finanziarie	*financial news*
internazionali	*international news*
locali	*local news*
nazionali	*national news*
l'oroscopo	*horoscope*
la piccola cronaca	*announcements*
i piccoli annunci	*small ads.*
la politica	*politics*
la prima pagina	*front page*
la pubblicità	*advertisements*
il racconto	*story*
le recensioni; la critica	*reviews*
il romanzo a puntate	*serial*
la rubrica dei quesiti dei lettori	*problem page*
lo scrittore, la scrittrice	*writer*
il servizio speciale	*feature*
lo sport	*sport*
i titoli	*headlines*

L'opinione *Opinion*

la libertà di stampa	*freedom of the press*
la violazione della privacy	*invasion of privacy*
il reato	*criminal offence*
l'indagine (f.) il questionario	*survey, questionnaire*
il vantaggio	*advantage*
lo svantaggio	*disadvantage*
si tratta di . . .	*it's a question . . .*
riguarda . . .	*it's about . . .*
dipende	*it depends*
nessun commento	*no comment*
secondo i sondaggi	*according to the polls*
la differenza; la diversità	*difference*

27 La parola scritta *The written word*

l'analogia;
la similarità — *similarity*
da una parte ... — *on the one hand ...*
... e dall'altra ... ... — *...on the other ...*
d'altra parte — *on the other hand*
straordinario, -a — *extraordinary*
solito, -a — *usual*
insolito, -a — *unusual*
tuttavia — *all the same*
in breve — *in short*
in conclusione — *in conclusion*
alla fine — *finally*

avere ragione — *to be right*
avere torto — *to be wrong*
credere — *to believe*
dubitare — *to doubt*
occorrere; essere
necessario — *to be necessary*
pensare — *to think*
preferire — *to prefer*

La scrittura e la punteggiatura
Writing and punctuation

l'elaboratore ( ) di testi — *word processor*
la frase — *phrase*
la lettera — *letter*
la macchina da scrivere — *typewriter*
il manoscritto — *manuscript*
la parola — *word*
la penna — *pen*
il periodo, la frase — *sentence*
la scrittura — *handwriting*

far rientrare — *to indent*
mettere la punteggiatura — *to punctuate*

usare lettere
maiuscole — *to use capital letters*
usare lettere
minuscole — *to use small letters*

l'accento acuto — *acute accent*
l'accento grave — *grave accent*
l'apostrofo — *apostrophe*
i caratteri — *fonts*
il corsivo — *italics*
i due punti — *colon*
in neretto; in
grassetto — *bold*
le parentesi — *brackets*
i puntini di
sospensione — *ellipsis (dots)*
il punto — *full stop*
il punto e virgola — *semicolon*
il punto
esclamativo — *exclamation mark*
il punto
interrogativo — *question mark*
il trattino — *hyphen*
la virgola — *comma*
le virgolette — *inverted commas*

> Ogni mattina imparo dai giornali ciò che ho detto la sera prima.
> (*Tristan Bernard*)

IL CINEMA
THE CINEMA

la biglietteria	*ticket office*
il biglietto	*ticket*
la fila	*row*
il posto	*seat*
il pubblico; gli spettatori	*audience*
la rappresentazione	*performance*
il ridotto	*foyer*
l'uscita	*exit*
l'uscita di sicurezza	*emergency exit*
il cinema(tografo)	*cinema*
la colonna sonora	*soundtrack*
il film	*film*
la proiezione	*projection*
la pubblicità	*advertisements, commercials*
lo schermo	*screen*
l'aiuto regista	*assistant producer*
l'attore (m.)	*actor*
l'attrice (f.)	*actress*
il cineoperatore; il cameraman	*cameraman*
il produttore	*producer*
il/la regista	*director*
la stella del cinema	*film star*
il tecnico del suono	*sound technician*
i titoli	*credits*

Tipi di film *Film types*

È un film . . .	*It's a . . . (film)*
censurato	*censored*
d'amore	*love story*
del brivido	*thriller*
dell'orrore	*horror film*
dello spazio	*space*
di fantascienza	*science fiction*
di guerra	*war*
poliziesco	*detective*
porno(grafico)	*pornographic*
sentimentale	*romance*
tagliato	*cut*
vietato ai minori di . . . anni	*not suitable for children under . . . years old*
violento	*violent*
western	*western*

Prossimamente su questo schermo . . .	*Coming soon . . .*
Era la storia di . . .	*It was the story of . . .*
Era un buon/cattivo film.	*It was good / bad film.*
Era un film avvincente/emozionante/orribile/noioso	*It was a gripping / exciting / awful / boring film.*
Era ben/mal fatto.	*It was well / badly filmed.*
(Non) lo consiglierei.	*I would (not) recommend it.*
Vorrei due biglietti per . . .	*I would like two tickets for . . .*
È tutto esaurito.	*It's sold out.*
Desidero prenotare.	*I would like to book.*
Dietro le quinte!	*Behind the scenes!*

IL TEATRO
THE THEATRE

l'auditorio	*auditorium*
la galleria	*circle*
il guardaroba	*cloakroom*
la prima fila	*front stalls*
il loggione	*gallery*
le luci	*lights*
le luci della ribalta	*footlights*
il palco	*box*
il palcoscenico	*stage*
la platea	*stalls*
la poltrona di prima fila	*front-row seat*
la prima galleria	*balcony*
le quinte	*wings*
lo scenario teatrale	*stage-scenery*
il sipario	*curtain*
l'applauso	*applause*
le battute	*lines*
la commedia	*play*
il costume	*costume*
il critico	*critic*
l'intervallo	*interval*
il panico; la paura del pubblico	*stage-fright*
la prima	*first-night*
il matinée	*matinee*
la messa in scena; la regia	*production*
il personaggio	*character*
il primo atto	*act one*
il programma	*programme*
il ruolo; la parte	*part*
la scena	*scene*
lo scenario	*set*
la tensione nervosa	*nerves*

la trama	*plot*
il trucco	*make-up*
la commedia brillante, divertente	*comedy*
la commedia musicale; il musical	*musical*
il dramma storico	*historical drama*
la farsa	*farce*
la rivista; il varietà	*revue*
lo spettacolo; lo show	*show*
il teatro d'arte drammatica	*drama*
la commedia dell'arte	*Italian improvised play*
l'attore	*actor*
l'attrice	*actress*
l'attore sostituto	*understudy*
il commediografo; il drammaturgo	*dramatist*
il direttore di scena	*stage manager*
il regista	*producer*
lo scenografo	*stage designer*
il suggeritore	*prompter*
la stella	*star*
avere la parte principale	*to take the lead*
danzare	*to dance*
fare la comparsa	*to have a walk-on part*
interpretare	*to perform*
interpretare la parte di	*to play the role of*
recitare	*to act*

applaudire	*to clap*
assistere a	*to watch*
divertirsi	*to enjoy*
essere dietro le quinte	*to be in the wings*
fischiare	*to boo*
(non) piacere a	*to (not) like (it)*

L'opera *Opera*

gli interpreti	*cast*
il/la solista	*soloist*
il coro	*chorus*
l'orchestra	*orchestra*
il direttore (d'orchestra)	*conductor*
l'opera lirica	*opera*
l'opera buffa	*comic opera*
la stagione dell'opera	*opera season*
il teatro dell'opera	*opera house*

Il balletto *Ballet*

la ballerina classica	*ballet dancer (female)*
il ballerino classico	*ballet dancer (male)*
il coreografo, -a	*choreographer*
la coreografia	*choreography*
il corpo di ballo	*corps de ballet*
la prima ballerina	*prima ballerina*

Il circo *Circus*

l'acrobata	*acrobat*
gli animali ammaestrati	*performing animals*
l'artista	*artist*
il pagliaccio; il buffone	*clown*
il/la trapezista	*trapeze artist*
l'arena; la pista	*ring*
lo spettacolo di burattini	*puppet show*

29 Radio e televisione *Radio and television*

la TV, la televisione	*TV, television*
via cavo	*cable*
via satellite	*satellite*
la radio	*radio*
l'antenna	*aerial*
l'antenna parabolica	*dish*
l'ascoltatore, l'ascoltatrice	*listener*
l'audience; gli spettatori; il pubblico	*audience*
il canale	*channel*
l'annunciatore, -trice del telegiornale	*news announcer / reader*
il/la corrispondente	*correspondent*
il direttore	*editor*
il giornale radio	*news broadcast (radio)*
l'interferenza	*interference*
l'intervista	*interview*
il presentatore, la presentatrice	*presenter*
il/la radiocronista /telecronista	*radio / TV commentator*
il/la regista	*producer*
la registrazione	*recording*
la stazione radio	*radio station*
il tecnico del suono	*sound engineer*
il telecomando	*remote control*
il telegiornale	*news broadcast (TV)*

il telespettatore, la telespettatrice	*viewer*
la videocamera	*video camera*
il videoregistratore	*video recorder*
il programma	*programme*
l'annuncio pubblicitario	*commercial*
i cartoni animati	*cartoons*
la commedia	*comedy*
il documentario	*documentary*
i giochi a premi	*game shows*
il talk show	*chat shows*
la pubblicità	*commercials*
la replica	*repeat*
la rubrica di viaggi	*travel show*
il teleromanzo a puntate; la soap opera	*soap*
ascoltare	*to listen*
guardare	*to watch*
vedere	*to see*
accendere	*to switch on*
spegnere	*to switch off*
registrare	*to record*
ascoltare/vedere la registrazione di ...	*to play back*
riascoltare/ rivedere	*to play back*
sintonizzare	*to tune*
guastarsi	*to break down*
cancellare	*to wipe, to delete*
cambiare canale	*to change channels*

Hai/Ha/Avete visto ... ? *Did you see ... ? / Have you seen ... ?*
Che ti è sembrato di ... ? *What did you think of ... ?*

30 Passatempi e sport *Hobbies and sports*

il passatempo,		lo svago	*amusement*
l'hobby	*pastime, hobby*		

LUOGHI E AVVENIMENTI
VENUES AND EVENTS

		l'escursionismo	
		a piedi	*hiking*
		eseguire la	
		musica	*performing music*
il ballo; la danza	*dance hall*	il fai da te	*DIY*
il bar	*bar*	fare camminate;	
il casinò	*casino*	camminare	*walking*
il circolo		la fotografia	*photography*
giovanile	*youth club*	il giardinaggio	*gardening*
il club; il circolo	*club*	il jogging	*jogging*
il concerto	*concert*	la lettura;	
la corsa ippica	*race course*	leggere	*reading*
la corsia da		il nuoto;	
bowling	*bowling alley*	nuotare	*swimming*
la discoteca	*disco*		
la festa	*party*	Mi piace andare...	*I like going . . .*
il locale notturno; il night (club)		al cinema	*to the cinema*
	nightclub	al centro	
il luna park	*fun fair*	sportivo	*to the sports centre*
il parco	*park*	alla discoteca	*to discos*
il parco di		alla festa	*to parties*
divertimento	*theme park*	al night	*to night clubs*
la piscina	*swimming pool*	al ristorante	*to restaurants*
la pista di		a teatro	*to the theatre*
pattinaggio	*ice rink*	a pesca	*fishing*
lo spettacolo	*show*	in bicicletta	*cycling*
lo stadio	*stadium*	Mi piace	
		cavalcare.	*I like horse riding.*
Mi piace . . .	*I like . . .*	Mi piace	
ascoltare la		collezionare . . .	*I like collecting . . .*
musica	*listening to music*	bambole	*dolls*
il ballo, la danza; ballare, danzare		cartoline	*postcards*
	dancing	francobolli	*stamps*
il cucito; cucire	*sewing*	modellini di	
la pittura;		automobili	*model cars*
dipingere	*painting*	monete	*coins*
il disegno;			
disegnare	*drawing*		

Mi piace . . .	*I like . . .*	lavorare a	
lavorare a	*knitting*	uncinetto	*crochet work*
maglia		ricamare	*embroidering*
		uscire	*going out*

Note: Generally, when English terms are used in the Italian language they do not form the plural. But, since more and more Italians are learning English, this is gradually changing.

Mi piacciono gli svaghi all'aperto.	*I like ourdoor pursuits.*
Mi piace (giocare a tennis).	*I like (playing tennis).*
Mi piacerebbe (giocare a tennis).	*I would like (to play tennis).*
Preferisco andare (a bere qualcosa).	*I prefer to go (for a drink).*
Non mi piace (giocare a tennis).	*I don't like (playing tennis).*
Odio (giocare a tennis).	*I hate (playing tennis).*

I GIOCHI
GAMES

I giochi delle carte
Card games

il mazzo di carte	*pack of cards*
i cuori	*hearts*
i denari	*diamonds*
i fiori	*clubs*
le spade	*spades*
il re	*king*
la regina	*queen*
il fante	*jack*
l'asso	*ace*
il jolly; la matta	*joker*
la briscola	*trump*
il whist	*whist*
il bridge	*bridge*
il ramino	*rummy*
il solitario	*patience*
il giocatore	*player*
giocare	*to play*
il gioco	*game*
È il tuo/il Suo turno.	*It's your turn.*
alzare le carte	*to cut the cards*

Espressioni idiomatiche
• • • • • • • • • • • • • • • • • •

Puntare su una carta sola.
To put all one's eggs in one basket.
Mettere le carte in tavola.
To put one's cards on the table.
Dare carta bianca. *To give someone a free hand.*
Cambiare le carte in tavola.
To shift one's ground.

Gli scacchi *Chess*

la scacchiera	*chess board*
il pezzo	*piece*
i bianchi	*white pieces*
i neri	*black pieces*
lo scacco al re	*check*
lo scacco matto	*checkmate*
il re	*king*
la regina	*queen*
l'alfiere	*bishop*
il cavallo	*knight*
la torre	*castle, rook*
il pedone	*pawn*
arroccare	*to castle*
scacco!	*check!*
scacco matto!	*checkmate!*
muovere	*to move*
tocca a te/a Lei	*it's your move*
contasecondi	*timer*
Non puoi/può fare così!	*You can't do that!*
Devi/deve...	*You have to . . .*

Espressioni idiomatiche
• • • • • • • • • • • • • • • • • •

Subire uno scacco. *To suffer a defeat.*
Tenere in scacco. *To hold in check.*

Altri giochi *Other games*

il gioco da tavolo	*board game*
i dadi	*dice*
la dama	*draughts*
il domino	*domino*
il gioco dell'oca	*snakes and ladders*
la pedina	*'man' (draughts, etc.)*
il quadretto (bianco/nero)	*square (white / black)*

IL BALLO; LA DANZA
DANCING

a tempo	*in time*
la danza popolare	*country dancing*
la discoteca	*disco*
folcloristico, -a; folk	*folk*
il jazz	*jazz*
il lento; il ballo liscio	*slow dancing*
la mazurca	*mazurka*
la musica jazz; la musica swing	*jive*
il/la partner	*partner*
il passo	*step*
il ritmo	*rhythm*
il rock and roll	*rock and roll*
la sala da ballo	*ballroom*
il tango	*tango*
il tempo	*beat*
il valzer	*waltz*

Espressioni idiomatiche
•••••••••••••••••••••••••••••

In ballo. *At stake.*

Tirare in ballo. *To drag up a subject.*

LA PESCA
FISHING

la pesca con la lenza	*angling*
il pesce . . .	*. . .fish*
d'acqua salata	*salt water*
d'acqua dolce	*fresh water*
la pesca con la mosca	*fly fishing*
la pesca d'acqua dolce	*coarse fishing*
l'amo	*hook*
la barca	*boat*
la canna (da pesca)	*rod*
il cesto	*basket*
l'esca	*bait*
la lenza	*line*
la mosca	*fly*
la mosca secca	*dry fly*
il piombino	*weight*
i remi	*oars*
la rete	*net*
il retino	*landing net*
il seggiolino	*stool*
gli stivaloni impermeabili	*waders*
pescare	*to fish*
prendere	*to catch*

Espressioni idiomatiche
•••••••••••••••••••

Trattare a pesci in faccia. *To treat like dirt.*

Chi dorme non piglia pesci. *The early bird catches the worm.*

Non sapere che pesci pigliare. *To be at a loss.*

Un pesce fuor d'acqua. *A fish out of water.*

Un pesce d'aprile. *An April Fool's trick.*

Prendere un granchio. *To make an embarrassing mistake.*

ADESSO TOCCA A TE!

● *1: How big was it?* (See *Adjectives and Adverbs*, pages 27–30)

● *2: With the help of section 17, pages 75–6 find the words which relate to fish and fishing in the coded list below. Each number represents the same letter each time it is used.*

(a)   1 ___   2 ___   3 ___   4 ___

(b)   4 —   3 —   3 —   5 —   6 —   7 —   4 —

(c)   8 —   9 —   10 —   8 —   9 —

(d)   4 —   11 —   9 —

(e)   4 —   12 —   4 —   7 —   9 —   2 —   13 —   4 —

(f)   13 —   9 —   14 —   14 —   9 —

(g)   2 —   4 —   10 —   11 —   9 —   14 —   1 —

(h)   7 —   12 —   1 —   14 —   3 —   15 —   5 —   9 —

(i)   16 —   4 —   12 —   3 —   4 —

(j)   4 —   14 —   7 —   6 —   5 —   10 —   10 —   4 —

30 Passatempi e sport *Hobbies and sports*

L'EQUITAZIONE
RIDING

il pony; il cavallino	*pony*
il cavallo	*horse*
la giumenta	*mare*
lo stallone	*stallion*
la bardatura; i finimenti	*harness*
il berretto da fantino	*jockey cap*
la briglia	*bridle*
i calzoni alla cavallerizza	*jodhpurs*
i calzoni da cavallerizzo, -a	*riding breeches*
il frustino	*crop*
il galoppatoio	*riding-track*
la giacca da cavallerizzo, -a	*riding coat*
il maneggio	*riding school*
il recinto (per cavalli)	*paddock*
il salto	*jump*
la scuderia	*stable*
la sella	*saddle*
lo stalliere	*groom*
gli stivali da cavallerizzo, -a	*riding boots*
il vestito da amazzone	*riding habit*
l'ippica	*horse racing*
l'allibratore (m.)	*bookie*
la corsa piana	*flat race*
il fantino	*jockey*
l'ippodromo	*race course*
il peso, il carico	*tote*
la scommessa	*bet*
scommettere	*to bet*
il vincitore	*winner*

andare al piccolo galoppo	*to canter*
cadere da cavallo	*to fall off (a horse)*
cavalcare	*to ride*
galoppare	*to gallop*
saltare	*to jump*
strigliare	*to groom*
trottare	*to trot*
vincere	*to win*

FOTOGRAFIA
PHOTOGRAPHY

la fotografia ... in bianco e nero	... photography *black and white*
a colori	*colour*
l'album (m.)	*album*
l'apertura	*aperture*
automatico, -a	*automatic*
la batteria	*battery*
la camera oscura	*dark room*
il cavalletto	*tripod*
la copia; la stampa	*print*
il copriobiettivo	*lens cap*
la diapositiva	*transparency, slide*
l'esposimetro	*exposure meter*
il flash	*flash*
il fotografo	*photographer*
l'ingrandimento	*enlargement*
la lampadina; lampo	*flash bulb*
la lente; l'obiettivo	*lens*
la macchina fotografica	*camera*
il mirino	*view finder*
la negativa	*negative*
l'obiettivo a occhio di pesce	*fish-eye lens*

l'obiettivo grandangolare
wide-angle lens

opaco, -a *matt*

lucido, -a *glossy*

il paraobiettivo *lens shield*

la pellicola *film*

il rullino rapido/ad alta sensibilità
fast film

lo sottoesposizione *under-exposure*

il telemetro *rangefinder*

il teleobiettivo *telephoto lens*

il tempo di apertura del diaframma
timer

il tempo di esposizione/di posa
exposure time

esporre;
impressionare *to expose*

fare una foto *to take a photo*

ingrandire *to enlarge*

mettere a fuoco *to focus*

regolare *to set*

riavvolgere *to rewind*

stampare *to print*

sviluppare *to develop*

La leva per l'avanzamento della
pellicola non funziona. *The winder doesn't work.*

GLI SPORT E L'EQUIPAGGIAMENTO
SPORTS AND EQUIPMENT

il gioco del
volano *badminton*

il volano *shuttlecock*

la rete *net*

la racchetta *racquet*

lo squash *squash*

il campo *court*

la scherma *fencing*

la maschera *mask*

il fioretto *foil*

la pallamuro *handball*

la pallavolo *volleyball*

il rugby *rugby*

il pallacanestro *basketball*

specie di
pallacanestro *netball*

lo skate boarding *skateboarding*

la rampa *ramp*

lo schettinaggio; *roller skating*
il pattinaggio
a rotelle

il tennis da tavolo; il ping pong
table tennis

il tavolo *table*

la racchetta *bat*

il tiro coll'arco *archery*

l'arco *bow*

la freccia *arrow*

il bersaglio *target*

il pugilato;
la box *boxing*

il ring; il
quadrato *ring*

i guanti da
pugile *gloves*

la lotta *wrestling*

il tirassegno *shooting*

il fucile *rifle*

il poligono da
fucile *rifle range*

le munizioni	*ammunition*
la pall**o**ttola;	
il proiettile	*bullet*
il tiro al piattello	*clay-pigeon shooting*
il biliardo	*billiards*
il tavolo da	
biliardo	*billiard table*
lo snooker	*snooker*
la stecca	*cue*
la palla da	
biliardo	*billiard ball*
il tirassegno	
con freccette	*darts*
il bersaglio (del	
tirassegno)	*dart board*
la freccetta	*dart*
le bocce	*bowls*
il boccino; il	
pallino	*jack*
i birilli	*skittles*
la ginn**a**stica	*gymnastics*
il cavallo	*horse*
le parallele	*parallel bars*
il tappeto	*mat*
la terra; il	
pavimento	*floor*
il trampolino	*trampoline*
l'hockey (m.)	*hockey*
il bastone	*stick*
la rete; la porta	*goal*
l'allenamento f**i**sico per mantenersi	
in forma	*fitness training*
l'aer**o**bica	*aerobics*
cardiovascolare	*cardiovascular*
i pesi	*weights*

il jogging	*jogging*
la bicicletta da	
ginn**a**stica	*exercise bike*
il campo	*pitch; court*
il/la cronometrista	
	timekeeper
il cr**o**nometro a	
scatto	*stopwatch*
la gara	*competition; event*
giocare	*to play*
il/la giocatore	*player*
il giro; la tappa	*lap*
il gi**u**dice (di	
gara)	*judge*
la partita	*match*
p**e**rdere	*to lose*
la società	
sportiva	*club*
lo spettatore;	
la spettatrice	*spectator*
la squadra	*team*
lo starter	*starting gun*
v**i**ncere	*to win*

Equipaggiamento di protezione
Protective equipment

la protezione	*shield*
la ginocchiera	*knee-guard*
la m**a**schera	*face-guard*
il paradenti	*gum-shield*
il paraspalle	*shoulder-guard*
il parastinchi	*shin-guard*
il sospensorio	*jockstrap*

ADESSO TOCCA A TE!

● *See if you can do this crossword. All the answers are associated with sport.*

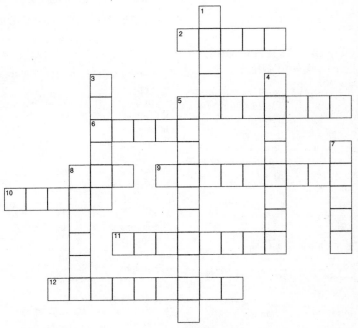

Orizzontali
- (2) Si fa dal trampolino.
- (5) Giocatore che difende la porta.
- (6) Si lancia con la racchetta.
- (8) Attrezzi usati sulla neve.
- (9) Uno sport di montagna.
- (10) La 'strada' degli sciatori.
- (11) Parte della bicicletta controllata con le mani.
- (12) Si può usare per il dritto e per il rovescio.

Verticali
- (1) Si pratica al mare e in piscina.
- (3) Lo sport a cavallo.
- (4) Si pratica su due ruote.
- (5) Si gioca in acqua.
- (7) Combattimento corpo a corpo.
- (8) Se si usa bene il punteggio massimo può essere 147.

L'ARTE MARZIALE
MARTIAL ARTS

il judo	*judo*
il tae kwando	*tae kwando*
il chimono; il kimono	*suit*
la cintura	*belt*

LO SPORT DELL'ARIA
AIR SPORTS

il deltaplano	*hang gliding; hang glider* (machine)
il paracadutismo	*parachuting*
il paracadute	*parachute*
il parapendio	*paragliding; paraglider* (machine)
il volo	*flying*
il volo a vela	*gliding*
l'aliante	*glider* (plane)
l'aerostatica	*ballooning*
il pallone aerostatico	*balloon*

LO SPORT DI MONTAGNA
MOUNTAIN SPORTS

l'alpinismo	*climbing*
l'alpinismo su roccia	*rock climbing*
i chiodi	*pitons (rocks or ice)*
la corda	*rope*
l'escursionismo a piedi; il trekking	*mountain walking / hiking*
l'imbracatura	*harness*
gli indumenti termici	*thermal clothing*
il martello da roccia	*piton hammer*
il moschettone	*snaplink*
il percorso; il cammino; l'itinerario	*route*

la piccozza da ghiaccio	*ice axe*
i ramponi	*crampons*
il sacco	*rucksack*
gli scarponi chiodati	*climbing boots*

IL GIOCO DELL CALCIO
FOOTBALL

l'arbitro; il giudice di gara	*referee, umpire*
l'addetto al campo	*groundsman*
il campo	*pitch*
la coppa	*cup*
la Federazione di Calcio	*Football Association*
il giocatore	*player*
il guardalinee; il segnalinee	*linesman*
la lega	*league*
il manager della squadra	*team manager*
la partita	*match*
il pallone	*football*
i punti; il punteggio	*score*
lo scudetto	*shield* (trophy)
la serie	*division*
la società sportiva	*club*
la squadra	*team*
l'area di rigore	*penalty area*
la linea	*line*
la linea mediana	*halfway line*
la linea di fondo	*goal line*
ha superato la linea	*it's over the line*
il palo (della porta)	*goalpost*
la porta	*goal* (net)
la rete	*goal* (score)
fuorigioco	*off-side*

il fallo	*foul*
le posizioni	*positions*
l'attacco	*forward*
il centro campo	*centre*
la difesa	*defence*
i giocatori	*players*
il capitano	*captain*
il portiere	*goalkeeper*
il difensore	*back (player)*
l'attaccante	*forward (player)*
il centroavanti	*centre-forward (player)*
colpire (col piede)	*to kick*
mancare	*to miss*
parare	*to save*
pareggiare	*to draw*
segnare	*to score*

IL TENNIS
TENNIS

la partita	*match*
il singolo	*singles*
il doppio	*doubles*
il compagno	*partner*
l'avversario	*opponent*
il campo da tennis	*tennis court*
il colpo nullo	*let*
il dritto	*forehand*
il gioco, la partita e l'incontro	*game, set and match*
la linea	*line*
la linea di fondo	*baseline*
la linea di servizio	*service line*

la linea mediana	*centre service line*
la palla	*ball*
la racchetta	*racquet*
la rete	*net*
il rovescio	*backhand*
la schiacciata	*smash*
il servizio	*service*
la volata	*volley*
zero (punti)	*love*
servire	*to serve*
colpire la palla al volo	*to volley*

IL GOLF
GOLF

il campo da golf	*golf course*
la bandierina	*flag*
la buca	*hole*
il bunker	*bunker*
il green; il terreno presso la buca	*green*
la mazza; il bastone	*club*
il ferro; la mazza a spatola di ferro	*iron*
il legno	*wood*
il putter; la mazza	*putter*
la palla	*ball*
il tee	*tee*
lanciare	*to putt*
colpire	*to drive*
fare un colpo di approccio	*to chip*

Espressioni idiomatiche
· ·

Essere la palla al piede di qualcuno.	*To be a hindrance.*
Prendere la palla al balzo.	*To seize an opportunity.*

IL CICLISMO
CYCLING

la bicicletta da corsa	*racing bike*
i calzoncini da ciclista	*cycling shorts*
la camera d'aria di ricambio	*spare inner tube*
il casco	*helmet*
la catena	*chain*
la foratura	*puncture*
i freni	*brakes*
i guanti da ciclista	*gloves*
la maglietta	*shirt*
il manubrio	*handlebars*
la mountain bike; il rampichino	*mountain bike*
mountain biking	*mountain biking*
i pedali	*pedals*
la pompa	*pump*
i raggi	*spokes*
le ruote	*wheels*
le scarpe da ciclista	*cycling shoes*
il sellino	*saddle*

L'ATLETICA
ATHLETICS

gli avversari	*competitors*
i blocchi di partenza	*starting blocks*
il cronometrista	*timekeeper*
le gare su campo	*field events*
le gare su pista	*track events*
gli ostacoli	*hurdles*
la pista	*track*
il podismo	*walking; marching; running*
lo stadio	*stadium*
gli ufficiali di gara	*officials*
la corsa	*racing, running*
la corsa a staffetta	*relay race*
la corsa campestre	*cross-country race*
il lancio . . .	*throwing . . .*
del disco	*the discus*
del giavellotto	*the javelin*
del martello	*the hammer*
il lancio del peso	*shot putting*
la maratona	*marathon*
la marcia	*walking*
la rampa di lancio	*springboard*
il salto	*jump*
in lungo	*long jump*
in alto	*high jump*
con l'asta	*pole vault*
triplo	*triple jump*
biathlon	*biathlon*

GLI SPORT D'ACQUA
WATER SPORTS

lo sci nautico	*water-skiing*
l'idrosci	*water-ski*
il motoscafo	*motorboat*
il (motore) fuoribordo	*outboard motor*
lo sport della tavola a vela	*windsurfing*
la tavola a vela	*windsurf board*
il costume da bagno	*swimming costume*
il crawl	*crawl*
la crema solare resistente all'acqua	
	water-resistant sun cream
la cuffia	*swimming cap*
il dorso	*backstroke*
la farfalla	*butterfly*
il nuoto	*swimming*
la pallanuoto	*waterpolo*
la panciata	*belly flop*
la piscina	*swimming pool*
la rana	*breast-stroke*
lo stile libero	*free style*
il trampolino	*diving board*
il tuffo	*dive*
la staffetta mista	*medley relay*
la vasca	*length*

L'immersione
Underwater diving

la bombola di ossigeno	*oxygen cylinder*
la tuta da sub	*wet suit*
la maschera	*goggles*
le pinne	*flippers*
il respiratore a tubo	*snorkel*
il respiratore subacqueo	*aqualung*

Il canottaggio
Rowing, canoeing

la barca a remi	
il canottaggio	*rowing boat*
a pagaie	*canoeing*
a remi	*rowing*
il giubbotto di salvataggio	*life jacket*
il kayak; il caiaco	*kayak*
la navigazione su zattera	*rafting*
la pagaia	*paddle*
remare	*to row*
i remi	*oars*

La vela *Sailing*

l'albero	*mast*
l'asta	*spar*
la barca a vela	*sailing boat*
la barra del timone	*tiller; helm*
la boma	*boom*
capovolgere	*to capsize*
la chiglia	*keel*
la chiglia di deriva	*centreboard*
il dingo	*dinghy*
la dritta	*starboard*
la fune	*rope*
il gommone	*rubber dinghy*
il guidone; la bandiera	*burgee*
la poppa	*stern*
la prua; la prora	*bow*
la scotta	*sheet*
la sinistra	*port*
il timone	*rudder*
la vela	*sail*

GLI SPORT INVERNALI
WINTER SPORTS

lo sci	*skiing*
la discesa libera	*downhill race*
la località sciistica	*ski resort*
la pista	*piste*
le racchette da sci;	
i bastoncini	*ski poles*
la salopette	*salopettes*
il salto con gli sci	*ski jumping*
gli scarponi da sci	*ski boots*
gli sci	*skis*
lo sci alpino	*alpine skiing*
lo sci di fondo	*cross-country skiing*
lo ski lift; la sciovia	*ski lift*
lo ski pass	*ski pass*
lo slalom	*slalom*
lo snowboarding	*snowboarding*
lo snowboard	*snowboard*
gli attacchi	*bindings*
lo stile libero	*free style*
il toboga	*toboggan*
la pista da toboga	*toboggan run*
la slitta	*sledge*
il pattinaggio sul ghiaccio	*ice skating*
il pattinaggio artistico	*ice dance*
i pattini	*skates*
la pista di pattinaggio	*skating rink*
l'hockey su ghiaccio	*ice hockey*
il disco (da hockey su ghiaccio)	*puck*
i bastoni da hockey	*hockey sticks*

ADESSO TOCCA A TE!

● *1: Which is the sport?*

(*a*) palla al piede
(*b*) pista di lancio
(*c*) panciotto
(*d*) pettine
(*e*) salto il primo piatto

ADESSO TOCCA A TE!

● 2: In the wheel you will find groups of four words which are related to a particular game/activity. Eliminate them group by group and you will be left with one word that links to the one in the centre.

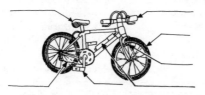

Label each part of the bike.

LE PARTI DEL CORPO
PARTS OF THE BODY

il corpo	*body*
la faccia; il viso	*face*
la testa	*head*
la gola	*throat*
il collo	*neck*
la spalla	*shoulder*
il braccio	*arm*
il gomito	*elbow*
il polso	*wrist*
il pugno	*fist*
la mano	*hand*
(pl. le mani)	

il dito (pl. le dita)	*finger*
il pollice	*thumb*
l'indice (m.)	*index finger*
il medio	*middle finger*
l'anulare (m.)	*ring finger*
il mignolo	*little finger*
l'unghia	*fingernail*

il petto	*chest*
il torace	*bust*
la costola	*rib*
davanti	*front*
il lato	*side*
dietro	*back*
la vita	*waist*
i fianchi	*hips*
la gamba	*leg*
la coscia	*thigh*
il ginocchio (pl. le ginocchia)	
	knee
il polpaccio	*calf*

il piede	*foot*
la caviglia	*ankle*
il tallone; il calcagno	*heel*
la pianta del piede	*sole*
l'alluce	*big toe*
le dita dei piedi	*toes*

la pelle	*skin*
l'osso (pl. le ossa)	*bone*
la giuntura	*joint*
la spina dorsale	*spine*
lo scheletro	*skeleton*
il cranio	*skull*

Il viso *The face*

il viso; la faccia; il volto	*face*
la carnagione	*complexion*
la guancia	*cheek*
il mento	*chin*
l'orecchio (pl. le orecchie)	*ear*
l'occhio	*eye*
l'iride (f.)	*iris*
la lente cristallina	*lens*
la retina	*retina*
il sopracciglio (pl. le sopracciglia)	
	eyebrow

il ciglio (pl. le ciglia)	*eyelash*		la bocca	*mouth*
la palpebra	*eyelid*		il naso	*nose*
			i denti	*teeth*
la fronte	*forehead*		la lingua	*tongue*
i capelli	*hair*			
le labbra	*lips*			

Mi fa l'occhio di triglia!
He/She's making eyes at me!

Ho...	I've got...
il catarro	*catarrh*
il cerume	*ear wax*
il naso otturato	*a stuffed-up nose*
la forfora	*dandruff*
un brufolo/ i brufoli	*a spot/spots*
un foruncolo	*a boil*
un orecchio otturato	*a blocked ear*
un poro ostruito	*a blocked nose*
un punto nero; un comedone	*a blackhead*

Gli organi interni
Internal organs

il cervello	*brain*		il fegato	*liver*
il cuore	*heart*		i polmoni	*lungs*
il sangue	*blood*		il nervo	*nerve*
il vaso sanguigno	*blood group*		il sistema nervoso	*nervous system*
l'arteria	*artery*		la vagina	*vagina*
la vena	*vein*		l'utero	*uterus, womb*
l'aorta	*aorta*		la cervice	*cervix*
il capillare	*capillary*		il pene	*penis*
il polso	*pulse*		la prostata	*prostrate*
l'intestino	*intestines*		il legamento	*ligament*
il rene;			il tendine	*tendon*
(pl. le reni)	*kidney(s)*		la cartilagine	*cartilage*
			il muscolo	*muscle*
			lo stomaco	*stomach*

Espressioni idiomatiche
....

Cavar sangue da una rapa. *To get blood out of a stone.*
Il sangue non è acqua. *Blood is thicker than water.*
Fare bollire il sangue nelle vene. *To make one's blood boil.*

DOLORE E MALE
ACHES AND PAINS

Mi fa male.	*It hurts.*
Ho ...	*I've got ...*
mal di schiena	*backache*
mal d'orecchie	*earache*
mal di testa	*a headache*
mal di denti	*toothache*
un dito che mi fa male	
	a sore finger
una vescichetta	*a blister*

I CINQUE SENSI
THE FIVE SENSES

il gusto	*taste*
l'olfatto	*smell*
il tatto	*touch*
l'udito	*hearing*
la vista	*sight*
accigliarsi	*to frown*
fare smorfie/	*to grimace / make a*
boccacce	*face*
gustare	*to taste*
odorare	*to smell*
ridere	*to laugh*
sbadigliare	*to yawn*
sentire	*to hear / feel / smell*
	something
sorridere	*to smile*
starnutire	*to sneeze*
toccare	*to touch*
tossire	*to cough*
udire	*to hear*
vedere	*to see*

ARTICOLI DA TOELETTA
TOILETRIES

l'acetone; il solvente per le unghie
nail varnish remover

l'aciugacapelli	*hair dryer*
l'assorbente	*sanitary towel*
il balsamo per	
capelli	*conditioner*
il borotalco	*talcum powder*
la ceretta	*leg wax*
il colluttorio	*mouth wash*
la crema da	
barba	*shaving cream*
la crema idratante	*moisturising cream*
la crema per	
il viso	*face cream*
la crema solare	*sun cream*
la crema doposole	*aftersun cream*
il dentifricio	*toothpaste*
il deodorante	*deodorant*
il dopobarba	*aftershave*
il fazzoletto di	
carta	*paper handkerchief*
il filo interdentale	*dental floss*
le forbicine per	
le unghie	*nail scissors*
la limetta per	
unghie	*nail file*
la lozione	
idratante	*moisturising lotion*
la maschera di	
bellezza	*face pack*
il nécessaire (pron. as in French)	
	sponge bag
da toeletta	
il pennello da	
barba	*shaving brush*
il pettine	*comb*
il pettine a coda	*tail comb*
la pezzuola/il guanto da bagno	
	face cloth
le pinzette	*tweezers*
il profilattico	*condom*
il rasoio	*razor*
elettrico	*electric razor*
monouso	*disposable razor*

la saponetta	*soap*
lo sciampo	*shampoo*
lo smalto per unghie	*nail varnish*
la spazzola per capelli	*hairbrush*
lo spazzolino da denti	*toothbrush*
la spugna	*sponge*
lo stuzzicadenti	*toothpick*
il tampone assorbente	*tampon*
lavare	*to wash*
lavarsi	*to wash one's . . .*
mettersi	*to put on*
pulire	*to clean*
spazzolare	*to brush*
usare	*to use*
lavarsi/asciugarsi i capelli	*to wash / dry one's hair*
lavarsi i denti	*to brush one's teeth*

smaltarsi le unghie	*to varnish one's nails*
togliersi lo smalto	*to remove varnish*

I cosmetici *Cosmetics*

la cipria	*face powder*
l'eye liner (m.)	*eye liner*
il fard	*blusher*
il latte detergente	*make-up remover (milk)*
la crema detergente	*make-up remover (cream)*
il mascara	*mascara*
l'ombretto	*eye shadow*
il pennello da trucco	*make-up brush*
il rossetto	*lipstick*
il trucco	*make-up*
truccarsi	*to put make up on*
struccarsi	*to take make-up off*

ADESSO TOCCA A TE!

● *What is in her sponge bag?*

ENIPTTE   FRONTIDIECI   OPMAICS

METTALI   POSATTENA

RANTEDOEOD

MALATTIE E INDISPOSIZIONI
ILLNESSES AND INDISPOSITION

Guarisci presto!
Get well soon!

contagioso, -a	*contagious*
il disturbo	*disorder; ailment*
dolente; cha fa	
male	*painful*
il dolore	*pain*
la febbre	*fever*
infettivo, -a	*infectious*
in forma	*fit*
irritato;	
infiammato	*sore*
malato	*sick*
il malato, -a;	
l'ammalato, -a	*ill person*
la malattia	*illness; sickness; disease*
la medicina	*medicine*
la salute	*health*
sano, -a	*healthy*
sofferente di	
nausea	*nauseous*
entrare in/fare	
convalescenza	*to convalesce*
far male	*to hurt*
infettare	*to infect*
ingessare	*to plaster*
inoculare	*to inoculate*
migliorare	*to improve*
operare	*to operate*
sentirsi male	*to feel ill*
soffocare	*to choke*
soffrire (di)	*to suffer (from)*
stare bene	*to feel well*
sterelizzare	*to sterilise*
svenire	*to faint*
vaccinare	*to vaccinate*
vomitare	*to be sick / vomit*

l'AIDS	*AIDS*
l'alitosi (f.)	*halitosis*
l'anoressia (f.)	*anorexia*
l'appendicite (f.)	*appendicitis*
l'artrite (f.)	*arthritis*
l'asma	*asthma*
il braccio	
fratturato/rotto	*broken arm*
la bulimia	*bulimia*
il cancro	*cancer*
il catarro	*catarrh*
la cattaratta	*cataract*
la cellulite	*cellulite*
lo choc; lo shoc	*shock*
la cicatrice	*scar*
la cinetosi; il mal	
d'auto	*travel sickness*
il mal d'aria	*air sickness*
il mal di mare	*sea sickness*
il colera	*cholera*
il colpo	
(apoppletico)	*stroke*
la contusione; il livido; l'ematoma	
	bruise
la crosta	*scab (of healing wound)*
il daltonismo	*colour blindness*
la dermatite	*dermatitis*
il diabete	*diabetes*
la diarrea	*diarrhoea*
la difterite	*diphtheria*
i dolori mestruali	*period pains*
i dolori muscolari	*muscular pains*
l'eczema (m.)	*eczema*
l'emofilia	*haemophilia*
l'emorragia	*haemorrhage*
le emorroidi	*haemorrhoids*
l'epatite (f.)	*hepatitis*
l'eritema solare	*sunburn*

l'ernia	*hernia*	la poliomelite	*polio*
la febbre gialla	*yellow fever*	la presbiopia	*long-sightedness*
la febbre; la		la pressione	*high / low blood*
temperatura	*temperature*	alta/bassa	*pressure*
il foruncolo	*boil*	il prurito	*itching*
la gamba		il reumatismo	*rheumatism*
fratturata/rotta	*broken leg*	la rosolia	*German measles*
HIV positivo;		la scarlattina	*scarlet fever*
sieropositivo	*HIV positive*	la stitichezza	*constipation*
l'idrofobia; la		lo stress	*stress*
rabbia	*rabies*	il tetano	*tetanus*
l'indigestione (f.)	*indigestion*	la tubercolosi	*tuberculosis*
l'infezione (f.)	*infection*	l'ustione	*burn*
l'influenza	*flu / influenza*	la varicella	*chicken pox*
la malaria	*malaria*	i batteri	*bacteria*
la malattia		il virus	*virus*
venerea	*venereal disease*	l'arto	
la menengite	*meningitis*	artificiale	*artificial limb*
la menopausa	*menopause*	il cieco;	
la miopia	*short-sightedness*	il non vedente	*blind person*
il morbillo	*measles*	l'handicappato, -a	*handicapped person*
il mughetto	*thrush*	il muto, -a	*dumb person*
l'obesità	*obesity*	il paraplegico, -a	*paraplegic*
la parotite; gli		la sedia a rotelle	*wheelchair*
orecchioni	*mumps*	il sordo, -a	*deaf person*
il piede d'atleta	*athlete's foot*	lo zoppo, -a	*lame person*
la pirosi	*heartburn,*		
	indigestion		

Ho bisogno di qualcosa contro	
(i brufoli).	*I need something for (spots).*
la malattia intermittente/acuta	*chronic / intermittent / acute illness*
il dolore cronico/spasmodico/acuto	*chronic / spasmodic / acute pain*
la fase acuta di una malattia	*acute stage of a disease*

MEDICI E PARAMEDICI
PRACTIONERS

il/la
  chiroterapista *chiropractor*
il dottore, la dottoressa; il medico
doctor
il/la fisioterapista *physiotherapist*

l'infermiere, -a *nurse*
il/la callista *chiropodist*
l'oculista (m., f.) *optician*
l'osteologo *osteopath*
il gabinetto medico; l' ambulatorio
surgery
l'appuntamento *appointment*

Dal dottore *At the doctor's*

Vorrei prendere un appuntamento.   *Can I make an appointment?*
Mi viene da vomitare.   *I feel sick.*
Mi sento male.   *I feel ill.*
Ho il raffreddore   *I have a cold*
  la tosse   *cough*
  il mal di gola   *sore throat*
  la febbre   *temperature*
  il mal di stomaco   *stomach ache*
Vorrei qualcosa contro . . .   *Can I have something for . . .*
mandare da uno specialista   *to refer to a consultant*
misurare la pressione   *to take someone's blood pressure*
misurare la temperatura   *to take someone's temperature*
prelevare un campione   *to take a sample*
prescrivere/ordinare una cura   *to prescribe treatment*
  una medicina   *medication*
tastare/prendere il polso   *to take someone's pulse*

32 Salute e malattie *Health and sickness*

Dal dentista *At the dentist*

il gabinetto dentistico	*dental surgery*
il/la dentista	*dentist*
l'assistente del dentista	*dental nurse*
l'arco ortodontico	*brace*
il canino	*canine*
la capsula	*crown*
il dente	*tooth*
il dente da latte	*milk tooth*
il dente del giudizio	*wisdom teeth*

la dentiera; la protesti dentaria	*false teeth dentures*
la gengiva	*gum*
l'incisivo	*incisor*
la mandibola superiore/inferiore	*upper / lower jaw*
il molare	*molar*
l'otturazione (f.)	*filling*
il premolare	*premolar*
la radice	*root*
la carie	*tooth decay*
la placca	*plaque*
il tartaro	*tartar*

Ho . . .	*I have . . .*
mal di denti	*toothache*
un ascesso	*an abscess*
denti sensibili	*sensitive teeth*
perso/rotto un dente	*lost / broken a tooth*
una otturazione	*a filling*
una capsula	*a crown (cap)*
il ponte	*a bridge*

CURE E RIMEDI
TREATMENT AND REMEDIES

Le bende *Dressings*

la benda	*bandage; dressing*
il cerotto	*sticking plaster*
la fascia; la benda	*sling*
la ferita	*wound*
la garza	*lint*
il gesso	*plaster*
l'ingessatura/	
il gesso	*plaster cast*
la medicazione	*dressing*
le pinzette	*tweezers*
il pronto soccorso	*first aid*
la spilla di	
sicurezza	*safety pin*
la stecca	*splint*

La medicazione
Medication, treatment

l'antibiotico	*antibiotics*
le compresse	*tablets*
le compresse	
antimalariche	*anti-malaria tablets*
le compresse	*anti-inflammatory*
antinfiammatorie	*tablets*
la crema	*cream*
la crema antisettica	*antiseptic cream*
la crema	*anti-histamine*
antistaminica	*cream*
l'endovenosa	*intravenous injection*
la flebo(clisi)	*drip*
le gocce	*drops*
l'inalatore	*inhaler*
la pillola	
antifecondativa	*the contraceptive pill*
le losanghe; le	
pastiglie	*lozenges*
la medicina	*medicine*
le pillole	*pills*

la pomata	*ointment*
lo sciroppo per	
la tosse	*cough mixture*
il sonnifero; le pillole per dormire	
	sleeping pills
lo spray nasale	*nasal spray*
la supposta	*suppository*
la terapia	*hormone*
ormonale	*replacement*
	therapy, HRT
i tranquillanti	*tranquillisers*

Altri rimedi *Other remedies*

l'agopressione (f.)	*acupressure*
l'agopuntura	*acupuncture*
l'aromaterapia	*aromatherapy*
le cure naturali	*natural remedies*
la dieta	*diet*
la fibra dietetica	*dietary fibre*
la fisioterapia	*physiotherapy*
il mangiar sano	*healthy eating*
l'omeopatia	*homeopathy*
la radiologia	*radiology*
la riflessologia	*reflexology*
camminare	*to walk*
correre	*to run*
digiunare	*to fast*
dimagrire/	
ingrassare	*to lose / gain weight*
dormire	*to sleep*
fare esercizio;	
fare ginnastica	*to exercise*
fare il jogging	*to jog*
inginocchiasi	*to kneel*
respirare	*to breathe*
riposare;	
riposarsi	*to rest*
saltare	*to jump*
sdraiarsi	*to lie down*
sedere; sedersi	*to sit*
stare in piedi	*to stand*
svegliarsi	*to wake up*

IN OSPEDALE
IN HOSPITAL

l'ambulanza (f.)	*ambulance*
il chirurgo	*surgeon*
la clinica	*clinic*
il ginecologo	*gynaecologist*
l'ospedale (m.)	*hospital*
l'otorinolaingoiatra	*ear, nose and throat specialist*
il pediatra	*paediatrician*
il pronto soccorso	*casualty*
lo/la specialista	*consultant*
lo/la specialista in ortodontia	*orthodontist*
il dottore, -essa; il medico	*doctor*
l'infermiere, -a	*nurse*
il paziente	*patient*
il letto	*bed*
la corsia; il padiglione	*ward*
la barella; la lettiga	*stretcher*
la radiografia; il raggio X	*X-ray*
l'operazione (f.)	*operation*
la sala operatoria	*operating theatre*
l'anestesia locale/ generale	*local / general anaesthetic*
l'anestesista (m.,f.)	*anaesthetist*
l'anestetico	*anaesthetic*
la chirurgia	*surgery*
il bisturi	*scalpel*
il laser	*laser*
gli strumenti	*instruments*
la convalescenza	*convalescence*
il ristabilirsi	*recuperation*

LA TOSSICODIPENDENZA
ADDICTION

l'alcool (m.)	*alcohol*
l'alcolista (m., f.)	*alcoholic*
l'astemio	*tee-totaller*
l'intossicazione da alcool	*alcohol poisoning*
l'Anonima Alcolisti	*Alcoholics Anonymous*
SOS Voce amica	*The Samaritans* (equiv.)
ubriacarsi	*to get drunk*
Beve troppo.	*He / She drinks too much.*
Ha bevuto oltre i limiti permessi.	*He / She is over the limit.*

Il fumo *Smoking*

l'accendino; l'accendisigari	*lighter*
la cartina	*cigarette paper*
i fiammiferi	*matches*
fumare	*to smoke*
il fumatore	*smoker*
il non-fumatore	*non-smoker*
inalare	*to inhale*
la nicotina	*nicotine*
la pipa	*pipe*
il portacenere	*ashtray*
le sigarette	*cigarettes*
i sigari	*cigars*
il tabacco	*tobacco*
il tabagista	*addicted smoker*
l'enfisema	*emphysema*
il cancro	*cancer*

smettere di
   fumare   *to give up smoking*
ridurre; fumare
   meno   *to reduce smoking*

La droga *Drugs*

il/la   *drug addict*
   tossicodipendente
i narcotici   *narcotics*

la canapa
   indiana   *cannabis*
la cocaina   *cocaine*
il crack   *crack*
l'eroina (f.)   *heroin*
l'hascisc (m.)   *hashish*
la siringa   *syringe*
drogarsi   *to take drugs*
iniettare   *to inject*

la tossicodipendenza	*drug addiction*
la crisi di astinenza	*withdrawal symptoms*
la disintossicazione	*detoxication*
la terapia antidroga	*drug therapy*
la riabilitazione del tossicodipendente	*drug rehabilitation*

ADESSO TOCCA A TE!

● *First solve the clues which relate to the body and its ailments and then re-arrange the letters in the shaded column to find one of the senses.*

(1) Si usa per pensare.
(2) Può soffrire chi mangia troppo.
(3) Una malattia da bambini.
(4) Alla fine delle dita.
(5) Tensione nervosa.

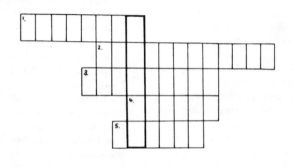

33 Soldi *Money*

LA BANCA
THE BANK

il banco di Roma	the bank
la banca	bank
la cassa di riparmio	savings bank
la filiale	branch
la società di credito edilizio	building society
l'assegno ...	cheque
a vuoto	dud cheque
in bianco	blank cheque
non sbarrato	open cheque
non valido	invalid cheque
sbarrato	crossed cheque
turistico; il traveller	traveller's cheque
il banco	counter
il bancomat; lo sportello automatico	cash machine
la banconota	bank note
i biglietti di grosso taglio	high denomination notes
i biglietti di piccolo taglio	small denomination notes
il bonifico bancario	transfer
il cambio della valuta	money exchange
la carta assegni	cheque card
la carta di credito	credit card
la cassa	till
il/la cassiere, -a	cashier / teller
il codice bancario	bank sorting code
il contante	cash
il conto bancario	bank acount
il conto corrente	current account
il conto di deposito fruttifero	savings account
il credito	credit

il debito	debit
il denaro; i soldi	money
il deposito	deposit
il deposito a risparmio	deposit account
l'estratto conto	statement
la firma	signature
l'identificazione	identification
in attivo	in credit
in passivo; allo scoperto	in the red
il libretto di risparmio	savings book
la moneta; gli spiccioli	change
il mutuo	mortgage
l'orario d'apertura	opening hours
il prelevamento	withdrawl
il prestito	loan
il saldo	balance
lo scoperto (di conto)	overdraft
le spese/competenze bancarie	bank charges
la sterlina	pound Sterling
il vaglia internazionale	international money order
il vaglia postale	postal order
cambiare	to change money
comprare; acquistare	to buy
costare	to cost
depositare	to deposit
falsificare	to forge
far pagare l'interesse	to charge interest
guadagnare	to gain
imprestare; dare in prestito	to lend
incassare un assegno	to cash a cheque

33 Soldi *Money*

investire	*to invest*
pagare	*to pay*
pagare la tassa	*to pay tax*
perdere	*to lose*
prendere in prestito	*to borrow*
restituire; rimborsare	*to pay back; to repay*
risparmiare	*to save*
spendere	*to spend*

valere	*to be worth*
vendere	*to sell*
versare	*to pay in*
prelevare del denaro	*to withdraw money*
cambiare un assegno	*to cash a cheque*
cambiare del denaro/della valuta	*to change money*
firmare	*to sign*

LE DIVISE
CURRENCIES

la valuta; la divisa; la moneta	*currency*
il tasso di cambio	*currency rate*

la corona danese	*Danish krone*
la corona norvegese	*Norwegian krone*
la corona svedese	*Swedish krona*
il dollaro australiano	*Australian dollar*
il dollaro canadese	*Canadian dollar*
il dollaro USA	*American dollar*
la dracma	*Greek drachma*

l'escudo portoghese	*Portuguese escudo*
il fiorino olandese	*Dutch guilder*
il franco belga	*Belgian franc*
il franco francese	*French franc*
il franco svizzero	*Swiss franc*
la lira irlandese	*Irish punt*
la lira italiana	*Italian lira*
le lira sterlina	*pound Sterling*
il marco finlandese	*Finnish markka*
il marco tedesco	*Deutschmark*
la peseta spagnola	*Spanish peseta*
lo scellino austriaco	*Austrian schilling*
lo yen	*Japanese yen*

33 Soldi *Money*

Il cambo della valuta
Changing money

il cambiavalute	*foreign exchange broker*
Vorrei cambiare un assegno turistico.	*I would like to cash a traveller's cheque*
Vorrei cambiare della valuta.	*I would like to change some money.*
Che cosa devo fare?	*What do I have to do?*
Dove devo andare?	*Where do I have to go?*
Dove firmo?	*Where do I sign?*
Dove ritiro i contanti?	*Where do I get my cash?*
Ecco il passaporto/ la carta d'identià	*Here is my passport/ identity card.*
Come funziona lo sportello automatico?	*How do I operate the cash machine?*
Il numero di identificazione è segreto.	*The PIN number is secret.*
Posso avere contanti?	*Can I get cash?*
Quanto mi da' per .. ?	*How much do I get for .. ?*
Qual è il tasso di cambio?	*What is the exchange rate?*
Quanto ho nel mio conto?	*How much have I got in my account?*
Desidero prelevare del denaro.	*I want to withdraw some money.*
Desidero ritirare del denaro.	*I want to collect some money.*
Il mio nome/ codice è . . .	*My name/code word is . . .*
Ho smarrito . . .	*I have lost . . .*
la carta di credito.	*my credit card.*
il libretto degli assegni.	*my cheque book.*
dei soldi.	*some money.*
Che devo fare?	*What should I do?*
Come posso contattare .. ?	*How do I contact .. ?*

33 Soldi *Money*

LA BORSA VALORI
THE STOCK EXCHANGE

l'acquisto	*purchase*
l'agente di cambio	*stockbroker*
l'attivo	*asset*
l'azione	*share*
le azioni	*stocks and shares*
il bilancio preventivo	*budget*
il capitale	*capital*
il certificato	*certificate*
il costo della vita	*cost of living*
il debito	*debt*
il deprezzamento; il minusvalore	*depreciation*
l'indice	*index*
l'inflazione	*inflation*
l'interesse	*interest*
l'investimento	*investment*
il mercato al rialzo	*bull market*
il mercato al ribasso	*bear market*
il mercato azionario	*share market*
l'obbligazione	*bond*
il pagamento	*payment*
la partecipazione	*stock*
il passivo	*liability*
la percentuale	*percentage*
il profitto	*profit*
la ricevuta	*receipt*
la somma	*sum*
le spese	*expenses*
i titoli	*securities*
i titoli di stato	*government stocks*
il valore	*value*
la vendita	*sale*

Assicurazioni	*Insurance*
Attività minerarie	*Mining*
Borsa merci	*Commodities*
Commercio	*Trade*
Farmaceutici	*Pharmaceuticals*
Fondi di investimento	*Funds*
Grandi magazzini	*Stores*
Instituti di credito	*Banking*
Società commerciali	*Commercials*
Società industriali	*Manufacturing*
Titoli di stato	*Government securities*

l'imposta	*tax*
l'imposta sul reddito	*income tax*
l'interesse	*interest*
l'IVA (Imposta Valore Aggiunto)	*VAT*
le detrazioni	*allowances*
il custode giudiziario di beni	*official receiver*

a buon mercato	*cheap*
caro, -a	*dear*
costoso, -a	*expensive*
povero, -a	*poor*
ricco, -a	*rich*

34 **Chiesa e Religione** *Church and religion*

LA RELIGIONE
RELIGION

il buddismo	*Buddhism*
il cristianesimo	*Christianity*
il giudaismo	*Judaism*
l'induismo	*Hinduism*
l'islamismo	*Islam(ism)*
il cattolicesimo	*Catholicism*
il protestantesimo	
	Protestantism

Sono . . .	*I am . . .*
ateo, -a	*an atheist*
agnostico, -a	*an agnostic*
buddista	*a Buddhist*
cattolico, -a	
romano, -a	*a Roman Catholic*
cristiano, -a	*a Christian*
ebreo, -a	*a Jew*
indù	*a Hindu*
mussulmano, -a;	
maomettano, -a	*a Moslem*
quacchero	*a Quaker*
testimone di	*a Jehovah's*
Geova	*Witness*

Allah	*Allah*
l'apostolo	*apostle*
l'arcivescovo	*archbishop*
la benedizione	*blessing*
il Budda	*Buddha*
il cardinale	*cardinal*
la comunione	*communion*
il Cristo	*Christ*
il culto; la	
funzione	*service*
Dio	*God*
il discepolo	*disciple*
il frate	*friar*
l'imano	*imam*
l'inno	*anthem / hymn*

Maometto	*Mohammed*
il martire	*martyr*
la messa	*mass*
il Messia	*messiah*
il ministro	*minister*
il monaco	*monk*
Mosé	*Moses*
il papa	*pope*
il parroco	*vicar*
il peccatore,	
la peccatrice	*sinner*
il pellegrino	*pilgrim*
la preghiera	*prayer*
il prete	*priest*
il profeta	*prophet*
il rabbino	*rabbi*
il salmo	*psalm*
il/la santo, -a	*saint*
il sermone	*sermon*
lo Spirito Santo	*Holy Ghost*
la suora	*nun*
il vescovo	*bishop*

La chiesa *Church*

l'acquasanta	*holy water*
l'acquasantiera	*holy water font*
l'altare (m.)	*altar*
la basilica	*basilica*
il battistero	*baptistry*
la candela	*candle*
la cappella;	
l'oratorio	*chapel*
la cattedrale	*cathedral*
la chiesa	*church*
il coro	*choir*
la croce	*cross*
la cupola	*dome; cupola*
il duomo	*cathedral*
la navata	
centrale/maggiore	*nave*

34 Chiesa e Religione *Church and religion*

il pinnacolo; la guglia	*spire*	il pellegrinaggio	*pilgrimage*
il pulpito	*pulpit*	adorare	*to worship*
la sinagoga	*synagogue*	assolvere	*to absolve*
la moschea	*mosque*	cantare	*to sing*
la tempio	*temple*	confessare; confessarsi	*to confess*
		convertire	*to convert*
l'angelo	*angel*	credere; non credere	*to believe; not to believe*
il diavolo	*devil*		
il paradiso	*heaven, paradise*	fare un pellegrinaggio	*to make a pilgrimage*
l'inferno	*hell*		
il purgatorio	*purgatory*	frequentare la chiesa	*to attend church*
la salvezza	*salvation*		
la dannazione	*damnation*	nascere a nuova vita	*to be born again*
la creazione	*creation*		
il credo	*belief*	pentirsi	*to repent*
la fede	*faith*	predicare	*to preach*
la guerra santa	*holy war*	pregare	*to pray*
il miracolo	*miracle*	salmodiare	*to chant*

Proverbio
••••••••••••••••
Se Maometto non va alla montagna, la montagna va a Maometto.

Espressioni idiomatiche
•••••••••••••••••••••••••••••••••
Morto un papa se ne fa un altro. *The king is dead; long live the king.*
Andare a Roma e non vedere il papa. *To leave out the most important things.*
Ad ogni morte di papa. *Once in a blue moon.*

35 L'Istruzione *Education*

La scuola . . .	*school*
materna; l'asilo	*kindergarten; play*
nido	*school*
elementare	*primary school*
media inferiore	*secondary school*
onnicomprensiva	*comprehensive*
	school
media superiore	*sixth-form college*
il liceo	*equivalent to the*

last 3 years of an American high school and 2 years of an American college

l'istituto tecnico	
superiore	*technical college*
il politecnico	*polytechnic*
l'università	*university*

la scuola	
preparatoria	*prep school*
la scuola privata	*private school*
la scuola statale	*state school*

le vacanze	*holidays*
l'assenza	*day off / absence*
il nuovo anno	
scolastico	*new school year*
l'anno scolastico	*school year*
l'anno accademico	*academic year*
il trimestre	*trimester*
il semestre	*semester*
la sessione	*term*
marinare la	
scuola	*to play truant*

LA SCUOLA
SCHOOL

l'alunno, -a	*pupil*
il/la bibliotecario,	
-a	*librarian*
il/la bidello, -a	*janitor*
il/la custode	*caretaker*
l'insegnante	*teacher*
il/la preside	*head teacher*
il maestro,	*master,*
la maestra	*mistress*
la maestra	
d'asilo	*school nurse*
lo/la scolaro, -a	*schoolgirl / boy*
il/la segretario, -a	
	school secretary
lo studente con	*prefect*
funzioni disciplinari	
lo studente,	
la studentessa	*student*
il vice	*deputy*
l'assemblea	*assembly*
l'aula	*classroom*

il banco	*desk*
la cattedra	*teacher's desk*
la classe	*class / grade*
il gesso	*chalk*
l'intervallo	*break*
l'iscrizione	*registration*
la lavagna	*blackboard*
la lezione	*lesson*
la matita	*pencil*
la penna a	
sfera	*ballpoint pen*
il pennarello	*felt pen*
il quaderno (a righe/a quadri)	
	notebook (lined / squared)
il voto	*mark*

Le materie *Subjects*

l'arte (f.)	*Art*
l'arte	
drammatica	*Drama*
la biologia	*Biology*
la chimica	*Chemistry*

35 L'Istruzione *Education*

l'ecologia ambientale — *Environmental Studies*
l'educazione fisica — *P.E.*
la fisica — *Physics*
il francese — *French*
la geografia — *Geography*
l'informatica — *Information Technology*
l'inglese (m.) — *English*
la matematica — *Maths*
lla musica — *Music*
la religione — *R.E.*
le scienze — *Science*
la sociologia — *Sociology*
lo spagnolo — *Spanish*
la storia — *History*
la tecnologia — *Technology*
il tedesco — *German*

la commissione d'esame — *board of examiners*
il compito — *homework*
il comportamento — *behaviour*
l'esercizio — *exercise*
la lettura — *reading*
l'ortografia — *spelling*
la pagella — *report*
il progetto — *project*
la punteggiatura — *punctuation*
la scrittura; lo scritto — *writing*
il tema; il saggio — *essay*
il voto — *mark, grade*
imparare — *to learn*
ripassare — *to revise*
spiegare — *to explain*
studiare — *to study*

Gli esami *Exams*

l'esame . . . — *examination*
  orale — *oral*
  scritto — *written*
essere bocciato, -a (all'esame) — *to fail an exam*
rifare l'esame — *to re-sit an exam*
sostenere un esame — *to sit an exam*
superare un esame — *to pass an exam*
l'esaminatore, l'esaminatrice — *examiner*
l'esaminando, -a — *examinee*
la sufficienza — *pass mark*
la prova d'esame scritta — *exam paper*
la domanda; il quesito — *question*
la risposta; l'elaborato — *answer*
l'esito — *result*
il diploma — *certificate*
il titolo di studi; la qualifica — *qualification*
la laurea — *degree*
il/la laureato, -a — *graduate*
il laureato in . . . — *bachelor of . . .*
il master (professore) — *master*
il dottore in . . ., la dottoressa in . . . — *doctor of . . .*
il professore, la professoressa — *professor*
il, la preside di facoltà — *dean*

35 L'Istruzione *Education*

L'UNIVERSITÀ
UNIVERSITY

lo studente, la studentessa	*student*
la matricola	*fresher*
la lezione	*lecture*
il professore incaricato; il lettore	*lecturer*
la specializzazione	*higher degree*
l'aula	*lecture theatre*
il/la laureando, -a	*candidate*

Le materie universitarie
University subjects

l'archeologia	*archaeology*
l'elettronica	*electronics*
la filosofia	*philosophy*
l'informatica	*information technology*

l'ingegneria	*engineering*
l'ingegneria elettronica	*electrical engineering*
l'ingegneria meccanica	*mechanical engineering*
il diritto	*law*
le lettere e filosofia	*humanities*
le lingue classiche	*classical languages*
le lingue moderne	*modern languages*
la medicina	*medicine*
la psichiatria	*psychiatry*
la psicologia	*psychology*
le scienze applicate	*applied science*
le scienze politiche	*political science*

LA CRIMINALITÀ
CRIME

l'agressione	*assault*
l'apparecchio	
radioricevente	*radio receiver*
l'arresto	*arrest*
l'assalto	*attack*
l'assassino, -a	*murderer*
l'attentato (alla	*attempt (on*
vita di qualcuno)	*somebody's life)*
l'auto della polizia; la pantera	
	police car; police (patrol) car
l'autoblindo	*armoured car*
la banda	*gang*
il/la borseggiatore, -trice	
	pickpocket
il bracconiere ;il cacciatore di frodo	
	poacher
i carabinieri	*Italian military*
police force (whose duties include	
the safeguard of the public order)	
il/la colpevole di	
incendio doloso	*arsonist*
il combattimento *fight*	
il commissariato;	
la questura	*police station*
il/la complice	*accomplice*
la contesa	*dispute*
la contraffazione;	
la falsificazione	*forgery*
il/la criminale	*criminal*
il crimine	*crime* (single)

Mani in Alto! *Hands up!*

il dirottamento	*hijacking*
l'elmetto; il casco	*helmet*
l'emergenza	*emergency*
la frode;	*fraud*
l'imbroglio; la truffa	

il fucile	*gun* (rifle)
il furgone	
cellulare	*police van*
grave danno	*grievous bodily*
fisico	*harm*
la guerriglia	*guerrilla*
l'impianto di	
sicurezza	*security system*
l'incendio doloso	*arson*
l'irruzione	*break-in*
il/la ladro, -a	*thief*
l'arma	*weapon*
le manette	*handcuffs*
il mantenimento dell'ordine pubblico	
	law and order
la multa; la contravvenzione	
	fine
i narcotici	*narcotics*
il numero	*emergency number*
d'emergenza	(113 in Italy)
l'ostaggio	*hostage*
la pistola	*pistol*
la polizia	*police*
il poliziotto; la	
donna poliziotto	*policeman/woman*
la pubblica	
sicurezza	*police*
il rapimento	*kidnapping*
la rapina	*robbery*
la rapina (a	
mano armata)	*hold-up*
il ricatto;	
l'estorsione	*blackmail*
il ricettatore	*receiver of stolen*
	goods
il riscatto	*ransom*
la rissa; la zuffa	*fight, brawl*
la rivoltella	*revolver*
lo scassinatore;	
il ladro	*burglar*
lo scippatore	*bag-snatcher*
lo sfollagente	*truncheon*

36 La Legge *The Law*

la sicurezza
pubblica — *public safety*

il sistema d'allarme; l'antifurto
burglar alarm

lo spacciatore
di droga — *drug pusher*

la spia — *spy*

la squadra
narcotici — *drugs squad*

il taccheggio — *shop lifting*

tentata violenza carnale
indecent assault

il teppista; il
vandalo — *hooligan, yob*

il terrorista — *terrorist*

il/la traditore,
-trice — *traitor*

il trafficante di
droga — *drug dealer*

il truffatore;
l'imbroglione — *crook*

l'uniforme; ( )
la divisa — *uniform*

il veleno — *poison*

la violenza
carnale — *sexual attack*

accoltellare — *to stab* (with knife)

aggredire alle spalle e derubare
to mug

assassinare — *to murder;*
to assassinate

attaccare;
assalire — *to attack*

denunziare — *to denounce; to*
impeach

imbrogliare; — *to cheat, to commit*
frodare; truffare *fraud*

ingannare — *to deceive*

installare un
microfono spia — *to bug*

intercettare — *to bug* (telephone)

minacciare — *to threaten*

montare un'accusa contro qualcuno
to frame someone

perlustrare; rastrellare
to search (for missing people, etc.)

perquisire — *to search* (premises)

perseguire (a termini di legge)
to prosecute

pugnalare — *to stab*

rapinare — *to hold up*

rubare — *to steal*

scassinare;
svaligiare — *to burgle*

sparare — *to shoot*

spiare — *to spy*

uccidere — *to kill*

violentare — *to rape*

IN TRIBUNALE
IN COURT

l'appello; il	
ricorso in appello	*appeal*
l'assoluzione; il	
proscioglimento	*acquittal*
l'avvocato; il	
legale	*lawyer*
il cancelliere del	
tribunale	*clerk of the court*
il caso	*case*
la cauzione (pagata per ottenere	
la libertà provvisoria)	
	bail
la cella	*cell*
la citazione	*summons*
il/la colpevole	*guilty person*
la colpevolezza;	
la colpa	*guilt*
la condanna	*conviction*
la corte di	
giustizia	*court*
la contravvenzione;	
il reato minore	*minor offence*
la corte di	
giustizia	*law court*
i danni	*damages*
il delitto	*offence* (serious)
il/la detenuto, -a; il/la carcerato, -a	
	prisoner
il diritto penale	*criminal law*
il giudice	*judge*
il giuramento	*oath*
la giuria	*jury*
innocente	*innocent*
l'insufficienza	
di prove	*lack of evidence*
l'interrogatorio	*interrogation*
la legge	*law*
l'imputazione;	
il capo d'accusa	*charge*

il mandato;	
l'ordine	*warrant*
il mandato di	
cattura	*warrant of arrest*
il mandato di	
perquisizione	*search warrant*
la multa	*fine*
il penalista	*criminal lawyer*
la prigione	*prison*
il processo	*trail*
il processo; il procedimento	
giudiziario	*prosecution*
il procuratore	
legale	*solicitor*
il pubblico ministero	
prosecution (lawyers conducting	
proceedings)	
la querela; la	
denunzia	*complaint*
il/la querelante	*prosecution;*
	plaintiff
il reato	*offence*
la sentenza	*sentence*
la sentenza	
interlocutoria	*decree nisi*
le spese	
processuali	*costs*
il/la teste	*testifying witness*
il teste a difesa	*witness for the*
	defence
il teste d'accusa	*witness for the*
	prosecution
la testimonianza	*evidence*
il verbale; il	
rapporto	*report*
il verdetto	*verdict*
arringare	*to harangue*
confessare	*confess*
dare istruzioni	*to brief* (lawers)
deporre	*to give evidence*

dichiararsi colpevole	*to plead guilty*
dichiararsi innocente	*to plead innocent*
essere in libertà provvisoria (su cauzione)	*to be released on bail*
essere in stato di arresto	*to be under arrest*
essere testimone di (un incidente)	*to witness (an accident*
far causa a qualcuno	*to bring a case against; to sue*
prestare giuramento	*to swear*
testimoniare	*to testify*

Proverbio
• • • • • • • • • • • • • •

Fatta la legge, trovato l'inganno.   *Every law has a loophole.*

la guerra	*war*
dichiarare guerra	*to declare war*
la pace	*peace*
firmare un trattato di pace	*to sign a peace treaty*
l'accordo	*agreement*
l'assalto	*assault*
l'attacco	*attack*
il blocco	*blockade*
il casco	*helmet*
il cessate il fuoco	*ceasefire*
il colpo di stato	*coup*
l'esercito delle Nazioni Unite; i caschi blu	*United Nations' forces*
le forze armate	*the armed forces; the military*
la guerriglia	*guerrilla*
militare	*military*
la minaccia	*threat*
la resa	*surrender*
la ritirata	*retreat*
il ritiro	*withdrawal*
le sanzioni	*sanctions*
il servizio militare	*military service*
la sorveglianza; la vigilanza	*surveillance*
le forze speciali	*special forces*
il/la terrorista	*terrorist*
la Digos	*special police*

L'ESERCITO
THE ARMY

l'accampamento	*camp*
la caserma	*barracks*
l'ufficiale	*officer*
il fedelmaresciallo	*field marshal*

il generale	*general*
il brigadiere	*brigadier*
il colonnello	*colonel*
il tenente	*lieutenant*
il comando	*command*
la compagnia	*company*
la corte marziale	*court martial*
il grado di maggiore	*rank of major*
i militari di truppa	*rank and file*
la prima fila	*front rank*
il quartier generale	*HQ*
la recluta	*recruit*
la pattuglia	*patrol*
la sentinella	*sentry*
il soldato	*soldier*
il soldato semplice	*private*
la truppa; il grado; la fila	*rank*
il sergente	*sergeant*
il caporale	*corporal*
la fanteria	*infantry*
l'artiglieria	*artillery*
il carro armato	*tank*
il convoglio di automezzi militari	*personnel carrier*
le truppe	*troops*
il veicolo	*vehicle*
la camionetta	*jeep*

LA MARINA
THE NAVY

l'ammiraglio	*admiral*
il capitano	*captain*
il marinaio	*sailor*
l'equipaggio	*crew*
il pilota	*pilot*
la flotta	*fleet*
la portaerei	*aircraft carrier*

la corazzata; la
nave da guerra *battleship*
l'incrociatore *cruiser*
la fregata *frigate*
il sottomarino *submarine*
l'arsenale
marittimo *naval dockyard*
il turno di
guardia *watch*

L'AVIAZIONE
THE AIR FORCE

la base aerea *air force base*
la squadriglia *squadron*
l'aereoplano da caccia; il caccia
fighter (plane)
il bombardiere *bomber* (plane)
il reattore;
l'aviogetto *jet plane*
l'elicottero *helicopter*
l'aviatore *airman*
il/la pilota *pilot*
il secondo
pilota *co-pilot*
l'ufficiale di
rotta *navigator*
il radar *radar*

LE ARMI
WEAPONS

il bersaglio *target*
la bomba *bomb*
la bomba a mano *hand-grenade*
il cannone *cannon*
il fucile *rifle*
la granata
esplosiva *shell*
la mina *mine*
il missile *missile*

il missile
guidato *guided missile*
la mitragliatrice *machine-gun*
il mortaio *mortar*
la pistola *pistol*
il proiettile *bullet*
la rivoltella *revolver*
il siluro *torpedo*

combattere *to fight*
sparare *to shoot*
bombardare *to bomb*
difendere *to defend*
volare *to fly*
marciare *to march*

Proverbio
· · · · · · · · · · · · · · · · ·
Chi non fa buon soldato non sará
buon capitano.
*He that would command must
serve.*

---

38 La Politica *Politics*

la democrazia	*democracy*
la dittatura	*dictatorship*
la monarchia	*monarchy*

L'AMMINISTRAZIONE NAZIONALE
NATIONAL GOVERNMENT

il collegio elettorale	*constituency*
l'elezione	*election*
il referendum	*referendum*
l'economia	*economy*
il governo	*government*
il membro del Parlamento; il /la deputato, -a	*Member of Parliament*
il ministero ...	*Ministry ...*
della difesa	*of defence*
del lavoro	*of employment*
dei trasporti	*of transport*
della sanità	*of health and safety*
della pubblica istruzione	*of education*
dell'agricoltura	*of agriculture*
degli esteri	*Foreign Office*
degli interni	*Home Office*
il Capo dello Stato	*Head of state*
il governo; il consiglio dei ministri	*Cabinet*
il ministro delle finanze	*Minister of finance (Chancellor of the Exchequer)*
il Parlamento	*Parliament*
il partito	*party*
il politico	*politician*
la politica	*policy; politics*
il presidente	*president*

la repubblica	*republic*
la giunta militare	*junta*
i diritti umani	*human rights*
il presidente del Consiglio	*prime minister*
la sede del Parlamento	*the seat of parliament*
l'ambasciata	*embassy*
l'ambasciatore	*ambassador*
il console	*consul*
il diplomatico	*diplomat*
l'inviato, -a	*envoy*

L'AMMINISTRAZIONE LOCALE
LOCAL GOVERNMENT

il municipio	*town hall*
il consiglio comunale	*town council*
la riunione del consiglio comunale	*council meeting*
i consiglieri	*town councillors*
i rappresentanti eletti	*elected representatives*
il/la sindaco, -a	*mayor, mayoress*
il dirigente del settore d'ufficio	*chief executive*
l'assessore alle finanze	*financial officer*
l'imposta comunale sugli immobili; l'Ici	*rates*
la tassa locale	*local tax*
l'ufficio collocamento	*employment office*
l'assistenza sociale; i servizi sociali	*social services*
discutere; partecipare a un dibattito	*to debate*
fare un discorso	*to make a speech*

| parlare | *to speak* | votare | *to vote* |
| raccogliere i voti per ... | *to canvass for ...* | | |

ADESSO TOCCA A TE!

● *Re-arrange the words in the following to make meaningful sentences.*

(1) lire cambiare in desidero dollari questi
(2) è ribasso al mercato il
(3) Montagna della Sermone il
(4) è di ogni l'istruzione un diritto cittadino
(5) il arrestato stato è falsificatore
(6) l'imputato insufficienza stato è assolto di prove per
(7) sorveglia la Digos terroristi i
(8) l'assessore stato è alle finanze carabinieri arrestato dai

la città	*town, city*
industriale	*industrial town*
portuale	*port*

IL CENTRO (CITTÀ)
THE TOWN CENTRE

l'agente immobiliare	*estate agent*
la banca	*bank*
il bar; il caffé	*bar; cafe*
la biblioteca	*library*
il centro di ricreazione	*leisure centre*
il centro storico	*old part of the town*
il cinema	*cinema*
la galleria d'arte	*art gallery*
i giardini pubblici	*public gardens*
il giardino botanico	*botanical garden*
il giardino zoologico; lo zoo	*zoo*
lo stadio	*football stadium*
il mercato	*market*
il municipio; il palazzo comunale	*town hall*
il museo	*museum*
il parcheggio	*car park*
il parco	*park*
la piazza del mercato; il mercato	*market place*
la piscina	*swimming pool*
il portico	*arcade*
il ristorante	*restaurant*
la sala da concerti	*concert hall*
il self-service	*self-service restaurant*
la stazione	*station*

storica	*historical town*
universitaria	*university town*

la stazione dell'autobus	*bus station*
la tavola calda	*snack bar*
il teatro	*theatre*
l'ufficio comunale	*Council offices*
l'ufficio postale; la posta	*post office*
l'ufficio turistico	*tourist office*
il viale	*avenue*
l'attraversamento pedonale; le strisce	*pedestrian crossing*
il cartello stradale	*sign post*
la fermata dell'autobus	*bus stop*
la giratoria	*roundabout*
l'incrocio stradale	*intersection*
il marciapiede	*pavement*
in mezzo alla strada	*in the middle of the road*
il passaggio a livello	*level crossing*
la pista ciclabile	*bicycle track*
il semaforo	*traffic lights*
il sottopassaggio	*subway*
la strada	*road*
la via	*road; street*
	(particularly with its name)
la zona pedonale /verde	*pedestrian area*
accanto a	*next door to*
di fronte (al cinema)	*opposite* (the cinema)

nella prima/prossima strada	
	in the first / next street
a sinistra/	*on the left / right*
a destra	
dopo il semaforo	*after the lights*
dall'altra parte	
della strada	*across the road*
al mercato	*in the marketplace*
nella piazza	*on the square*
nella . . . strada	*in . . . road / street*
/via	
laggiù	*over there*
dietro l'angolo	*around the corner*
dall'altra parte	*on the other side of*
della strada	*the road*

I NEGOZI
Shops

la spesa	*shopping*
la calzoleria	*shoe shop*
la cartoleria	*stationer's*
l'edicola (dei	
giornali)	*newsagent's*
l'estetista	*beautician*
il/la fioraio, -a	*florist*
il/la fotografo, -a	*camera shop*
il/la fruttivendolo, -a	
	greengrocer
il grande magazzino	
	department store
la macelleria	*butcher's*
il negozio . . .	*. . . shop*
di (generi)	
alimentari	*grocer's*
di abbigliamento	*clothes shop*
di animali	*pet shop*
domestici	
di dolciumi	*sweet shop*

di ferramenta	*ironmonger's*
la panetteria	*baker's*
il/la parrucchiere, -a	
	hairdresser's barber's
la pasticceria	*cake shop*
la pescheria	*fish shop*
il supermercato	*supermarket*
la tabaccheria	*tobacconist*

Ha . . ?	*Have you got . . ?*
Vorrei . . .	*I would like . . .*
una bottiglia	
di . . .	*a bottle of . . .*
una cassetta	
di . . .	*a case of . . .*
un fusto di . . .	*a drum of . . .*
una lattina di . . .	*a can of . . .*
	(liquids and coffee)
un pacchetto	
di . . .	*a packet of . . .*
un sacchetto	
di . . .	*a sachet of . . .*
una scatola di . . .	*a box of . . .*
una scatola di . . .	*a tin of . . .*
	(meat, fish, tomatoes)
un tubo di . . .	*a tube of . . .*
un vasetto di . . .	*a jar of . . .*
fresco, -a	*fresh*
in scatola; in	
lattina	*tinned; canned*
crudo, -a	*raw*
cotto	*cooked*
un chilo	*1 kilo*
mezzo chilo	*$^1/_2$ kilo / 500g*
un etto; cento	
grammi	*100 grams*
un litro	*1 litre*
mezzo litro	*$^1/_2$ litre*

39 In Città *In Town*

Quant'è?	*How much is it?*
Quanto costa?	*How much does it cost?*
È tutto.	*That's all.*
Grazie.	*Thank you.*
Mi dispiace, ma non ho il resto.	*I'm sorry, I haven't any change.*

In un grande magazzino
In the department store

il reparto	*department*

Sottopiano; Interrato
Basement

Articoli da cucina	*Kitchenware*
Fai da te	*DIY*
Ferramenta	*Hardware*
Specialità gastronomiche	*Delicatessen*

Pianterreno *Ground floor*

Agenzia di viaggi	*Travel agent*
Articoli musicali	*Cassettes, records, CDs*
Cartoleria	*Stationery*
Fotografia	*Photography*
Pelletteria; Articoli di pelle	*Leather goods*
Profumeria, cosmetici e toeletteria	*Perfumes, cosmetics and toiletries*
Radio, televisioni e video	*Radio, television and video*
Snack bar	*Snack bar*

Primo piano *First floor*

Abbigliamento conformato	*Outsize wear*
Abbigliamento donna	*Ladies' fashion*
Abbigliamento per bambini	*Children's wear*
Abbigliamento sportivo	*Casual wear*
Abbigliamento uomo	*Men's wear*
Abiti da sera	*Evening wear*
Biancheria intima	*Underwear, lingerie*
Coordinati	*Separates*
Vestiti da uomo	*Men's suits*

Secondo piano *Second floor*

Arredamento	*Home furnishings*
Articoli sportivi	*Sports and sportswear*
Biancheria da letto	*Bed linen*
Biancheria da tavola	*Household linens*
Elettrodomestici	*Household electrical appliances*
Giocattoli	*Toys*
Illuminazione	*Lighting*
Porcellane e cristalli	*China and glassware*
Posateria	*Cutlery*

Terzo piano *Third floor*

Libri	*Books*
Mobili	*Furniture*
Orologi	*Clocks*
Tappeti	*Carpeting*

Quarto piano *Fourth floor*

Gabinetti	*Toilets*
Servizio clienti	*Customer services*
Ristorante	*Restaurant*
Uffici	*Offices*

39 In Città *In Town*

DIREZIONI IN UN GRANDE MAGAZZINO
DIRECTIONS IN A STORE

Dov'è . . ?	*Where is . . ?*
l'ascensore	*the lift*
la cassa	*the cash desk*
la corsia	*the row*
l'interrato	*the basement*

il . . . piano	*the . . . floor*
la scala mobile	*the escalator*
lo scaffale	*the shelf*
la sezione	*the department*
il surgelatore;	
il freezer	*the freezer*
l'uscita	*the exit*
Dove sono le	*Where are the*
maglie?	*jumpers*

Far acquisti
Making purchases

Quanto costa?	*How much is it?*
È troppo (caro).	*It's too much / dear*
costoso	*expensive*
a buon mercato	*cheap*
troppo grande/piccolo	*too big / small*
danneggiato	*damaged*
difettoso	*flawed*
Ha qualcosa di . . .	*Have you got anything . . .*
meno caro/più caro/migliore/	*cheaper / more expensive /*
più grande?	*better / bigger?*
Da dove viene/vengono?	*Where is it / are they from?*
Di che è fatto? Di che cosa sono fatti?	*What is it / are they made of?*
Posso provarlo, -a?	*Can I try it on?*
Dov' è il camerino?	*Where is the changing room?*
Ha . . ?	*Have you got . . ?*
una taglia più grande/piccola	*a size bigger / smaller* (clothes)
un numero più grande/piccolo	*a size bigger / smaller* (shoes)
qualcosa di più largo/stretto;	*something wider / narrower; tighter*
più lungo/corto	*longer / shorter*
Mi piace. Non mi piace.	*I like / don't like it.*
Viene bene. Non viene bene.	*It fits / doesn't fit.*
Mi sta' bene. Non mi sta' bene.	*It suits / doesn't suit me.*
Lo/la prendo.	*I'll take it.*
Posso ordinarne uno, -a?	*Can I order one?*
Dove pago?	*Where do I pay?*
Accetta la carta di credito?	*Do you take credit cards?*
Accetta un assegno . . ?	*Can you take a . . . cheque?*

DAL PARRUCCHIERE
AT THE HAIRDRESSER

il/la parrucchiere, -a	
per signora	*ladies' hairdresser*
il parrucchiere	*men's hairdresser,*
per uomo	*barber's*
il barbiere	*barber*
i capelli ...	*... hair*
lunghi/corti	*short/long*
ondulati/	
arricciati	*wavy/curly*
diritti	*straight*
lucidi	*shiny*
la coda di cavallo	
	pony tail
la cotonatura	*backcombing*
la frangia	*fringe*
l'ondulazione	*wave*
il paggio	*page boy*
la parrucca	*wig*
la permanente	*perm*
il toupet	*hairpiece*
la treccia	*plait*
il balsamo	*conditioner*
i bigodini	*hair curlers*
il fermacapelli	*hair clasp, Alice band, etc.*

il fissatore; la	
lacca	*hair spray*
le forbici	*scissors*
le forcine	*hair pins*
la lozione per	
capelli	*hair lotion*
la macchinetta	
tosatrice	*hair clipper*
le mollette	*hair grips*
il nastro	*ribbon*
il pettine	*comb*
il pettine a coda	*tail comb*
il rasoio	*razor*
lo sciampo	*shampoo*
la spazzola	*brush*
accorciare	*to shorten*
arricciare	*to curl*
asciugare con il	
fon	*to blow dry*
fare le mèshes	
(pron. mesh)	*to highlight*
lavare	*to wash*
mettere in piega	*to set*
ossigenare	*to bleach*
ritoccare le	
radici	*to dye the roots*
tagliare	*to cut*
tingere	*to dye/tint*

ADESSO TOCCA A TE!

● *How do you want your hair?*

39 In Città *In Town*

IN TINTORIA
AT THE DRY CLEANER'S

la tintoria; il lavasecco	*dry cleaner's*
lavare a secco	*to dry clean*
smacchiare	*to remove stains; to clean*
pulire	*to clean*

Per quando me lo può fare?
When will it be ready?
Lo può smacchiare subito?
Can you do it now?

DAL CALZOLAIO
AT THE SHOE REPAIR SHOP

rifare i tacchi   *to mend the heels*
ricucire la scarpa/la borsa
  re-stitch the shoe / bag
un paio di solette *a pair of insoles*
un paio di stringhe bianche
  a pair of white laces

ALLA POSTA
AT THE POST OFFICE

i francobolli	*stamps*
la lettera	*letter*
l'espresso	*express letter*

la raccomandata	*registered letter*
il pacco	*parcel*
il vaglia postale	*postal / money order*
lo sportello	*counter*
la busta	*envelope*
la cartolina . . .	*card*
postale	*postcard*
di Natale	*Christmas card*
illustrata	*picture postcard*
mandare, spedire	*to send*
la cabina telefonica	*telephone box*
la carta di credito telefonica	*telephone credit card*
la carta telefonica	*phonecard*
il cellulare; il telefonino	*cellular phone*
comporre/fare il numero	*to dial / tap in the number*
l'elenco	*directory*
non in elenco	*ex-directory*
il numero telefonico	*telephone number*
le pagine gialle	*Yellow Pages*
il prefisso	*telephone code*
il ricevitore	*handset*
il servizio informazioni	*directory enquiries*
la telefonata a carico del destinatario	*reverse-charge call*
il telefono	*telephone*

Vorrei...
  telefonare; fare una telefonata.
  fare una telefonata a carico del destinatario.
  della moneta per telefonare.
  dei gettoni per il telefono.
  dei francobolli per lettera/per cartolina.

I would like...
to make a telephone call.

to make a reverse-charge call.
some change for the telephone.
some telephone tokens.

stamps for a letter / postcard.

177

la lotteria	*lottery*	il biglietto della	
i numeri della		lotteria	*lottery ticket*
lotteria	*lottery numbers*	il premio della	
		lotteria	*lottery prize*

LE DIREZIONI
DIRECTIONS

gira a destra	*you turn right*
a sinistra	*on the left*

avanti dritto	*straight ahead*
la segnaletica	
stradale	*road marking*

Come arrivo alla fiera?	*How do I get to the fair?*
Quanto dista?	*How far is it?*
È lontano da qui?	*Is it far from here?*
È vicino?	*Is it near here?*
Dov'è . . . ?	*Where is . . . ?*
Posso andarci a piedi?	*Can I get there on foot?*
Prende la prima/seconda strada a destra/a sinistra	*You take the first / second road on the right / left.*
Va all'incrocio/al semaforo/al ponte/al passaggio a livello	*Go to the crossing / lights / / bridge / level crossing.*
Prende il sottopassaggio.	*Take the underpass.*
Quando arriva a . . ., gira a . . .	*When you come to the . . ., you turn . . .*
È a dieci minuti.	*It's ten minutes away.*
Posso andarci in autobus/in auto/con i trasporti pubblici?	*Can I get there by bus / car / public transport?*
Prenda l'autobus numero . . .	*Take the number . . . bus.*
Prenda la metropolitana.	*Take the Underground.*
Prenda il treno.	*Take the train.*
Prenda il tram e scenda a . . .	*Take the tram and get off at . . .*
Con quale frequenza arriva?	*How often does it run?*
Ogni (dieci minuti).	*Every (ten minutes).*
Quanto costa?	*How much does it cost?*
Non lo so.	*I don't know.*
In questa città un biglietto è valido per settanta minuti e durante questo periodo può usare tutti gli autobus e tram necessari con lo stesso biglietto.	*In this town a ticket is valid for seventy minutes and during this period you can make any number of bus and tram journeys with the same ticket.*

39 In Città *In Town*

Può comprare un blocchetto di biglietti.	*You can buy a book of tickets.*
Dove lo posso comprare?	*Where can I get one?*
In tabaccheria, nei bar e all'edicola.	*At the tobacconists', bars and newspaper kiosks.*
A certe fermate ci sono distributori automatici.	*At some stops there are automatic ticket-vending machines.*
Deve obliterare/convalidare il biglietto sull'autobus.	*You have to cancel/validate your ticket.*
Quando arriva, è . . .	*When you get there, it's . . .*
a sinistra/a destra.	*on the left/right.*
all'interno dell'edificio.	*inside the building.*
fuori del cortile.	*outside the courtyard.*
accanto alla fontana.	*beside the fountain.*
sotto al municipio.	*underneath the town hall.*
in fondo alla scala.	*at the bottom of the steps.*
di fronte al parco.	*opposite the park.*
in cima alla collina.	*at the top of the hill.*
sulla via al castello.	*on the way to the castle.*
prospicente la chiesa.	*facing the church.*
Deve andare...	*You have to go...*
a sinistra/destra del museo.	*to the left/right of the museum.*
lungo il fiume.	*along the river bank.*
attraverso il ponte.	*over the bridge.*
oltre il monumento ai Caduti.	*past the war memorial.*
È proprio qui!	*It's right here!*
È laggiù.	*It's over there/down there.*
È lassù.	*It's up there.*
È da qualche parte.	*It's somewhere.*
Non è da nessuna parte.	*It's nowhere.*
Non so dov'è!	*I don't know where it is!*

andare a piedi	*to go on foot*	passare;	
andare in auto	*to drive somewhere*	oltrepassare	*to pass*
attraversare	*to cross*	prendere	*to take*
camminare	*to walk*	salire sull'/scendere dall'autobus	
fare una gita/un giro in macchina			*to get on/off the bus*
	to go for a drive	seguire	*to follow*
girare	*to turn*	superare	*to overtake*
guidare	*to drive*		

ADESSO TOCCA A TE!

● *Here are some instructions to enable you to find various squares,
the names of which have been deleted, in the centre of Genoa.
Read the instructions aloud and write in the names of the squares as
you identify them.*

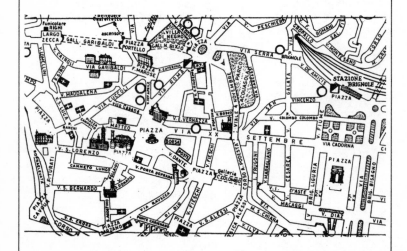

Piazza Verdi è fuori della Stazione Brignole. Prende Via Fiume, gira a
sinistra, attraversa Via Cadorna e si trova in Piazza della Vittoria;
dopo il monumento gira a destra, passa sotto il portico e attraversa
Via Brigata Liguria e arriva in Via d'Aste; va avanti dritto sotto la
Galleria Colombo e arriva in Piazza Dante, gira a destra e alla fine di
Via Fieschi, attraversa Via XX Settembre, va avanti dritto (Via
Portoria) e trova Piazza Corvetto. In Piazza Corvetto prende la prima
a sinistra, Via Roma, e alla fine trova Piazza de' Ferrari; attraversa la
piazza, sulla destra, e si trova in Piazza Matteotti, va avanti dritto e
alla fine della strada trova Piazza Caricamento.

*Now give instructions aloud on how to go back to the stazione
Brignole by the shortest route.*

IN VIAGGIO
TRAVEL

l'arrivo	*arrival*
l'escursione	*excursion*
la gita	*excursion; trip*
la gita/vacanza organizzata	*package tour / holiday*
l'orario	*timetable*
la partenza	*departure*

la tournée	*tour (by artist or or pop group)*
il tragitto; il percorso	*journey (distance covered)*
la traversata	*crossing, flight; trip*
il viaggio	*journey; tour*
il viaggio per mare	*sea voyage*
la visita (della città)	*tour (of the town)*

VIAGGIARE IN TRENO
TRAVEL BY TRAIN

il biglietto . . .	*. . . ticket*
a tariffa ridotta	*cheap*
di andata	*single*
di andata e ritorno	*return*
il binario; il marciapiede	*platform*
mezzo biglietto	*half fare*
l'obliteratore/il datario di biglietto	*machine to cancel / date-stamp ticket*
il/la passeggero, -a	*passenger*
il ritardo	*delay*
la stazione (ferroviaria)	*railway station*
la tariffa ordinaria	*full fare*
la biglietteria	*ticket office*
la biglietteria automatica	*automatic ticket machine*
il carrello	*trolley; cart*
convalidare	*to validate*
il deposito bagagli	*luggage room*

il facchino	*porter*
la ferrovia	*railway*
le Ferrovie dello Stato	*state railway*
la multa	*fine*
la sala d'aspetto	*waiting room*
lo sportello dei biglietti	*ticket window*
il supplemento	*surcharge*
il buffet-bar	*buffet car*
la carrozza; il vagone	*railway carriage*
la carrozza letto	*sleeping car*
la carrozza ristorante	*restaurant car*
i cavi elettrici aerei	*overhead cables*
la coincidenza	*connection*
il compartimento; lo scompartimento	*compartment*
il controllore	*ticket collector*
la cuccetta	*couchette*
la linea	*line*
la prenotazione	*booking*
le rotaie	*rails*
lo scambio	*points*
i segnali	*signals*

40 Viaggi e turismo *Travel and tourism*

Bisogna prenotare?	*Do you have to book in advance?*
A che ora parte il treno?	*What time does the train leave?*
A che binario?	*Which platform?*
Devo cambiare?	*Do I have to change?*
Questo treno va a . . ?	*Is this the train for . . ?*
C'è la coincidenza?	*Is there a connection?*
È in orario il treno?	*Is the train on time?*
È in ritardo di dieci minuti.	*It's ten minutes late.*

Fumatori	*Smoking*
Non fumatori	*Non-smoking*
Vietato fumare	*Smoking prohibited*
cambiare (treno)	*to change trains*
convalidare il biglietto	*to validate a ticket*
fare il biglietto	*to buy a ticket*
prenotare	*to book in advance*
riservare il posto	*to reserve a seat*
viaggiare senza biglietto	*to travel without a ticket*

I treni *Trains*

l'Eurocity	*Eurocity*
il Rapido; Intercity	*Intercity*
l'ETR; il Pendolino	*luxury fast train running between main cities*
l'espresso	*express train (stops at main stations)*
la monorotaia	*motorail*
il treno merci	*freight train*
il treno locale	*local train (stops at all stations)*
il diretto	*train stopping at most stations*
l'elettrotreno	*electric train*
la locomotiva; l'automotrice	*. . . engine*
diesel	*diesel*
a vapore	*steam*

40 **Viaggi e turismo** *Travel and tourism*

VIAGGI IN AEREO
TRAVEL BY PLANE

la carta immigrazione
immigration form

l'accettazione;
il check in — *check-in*

l'aeroporto — *airport*
l'area di attesa — *departure lounge*
gli arrivi — *arrivals*
l'autonoleggio — *car hire*
la carta d'imbarco
boarding card

il cartellino;
l'etichetta — *luggage label*

la classe
business — *business class*
turistica — *economy class*

la dogana — *customs*
il doganiere — *customs officer*
l'immigrazione — *immigration*
il nastro convogliatore
bagagli — *luggage carousel*

niente da
dichiarare — *nothing to declare*

le partenze — *departures*
la prima classe — *first class*
qualcosa da — *something to*
dichiarare — *declare*

la riconsegna
bagagli — *baggage reclaim*

il terminale — *terminal*
la torre di
controllo — *control tower*

l'uscita — *gate*
vada al banco/
all'uscita . . . — *go to desk / gate . . .*

il visto — *visa*
il volo — *flight*

l'aereo a — *jet*
reazione; l'aviogetto

l'annuncio del — *captain's*
comandante — *announcement*

l'assistente di — *steward;*
volo — *stewardess*

l'atterraggio — *landing*
il bagaglio (a
mano) — *(hand) luggage*

il bracciolo della
poltrona — *armrest*

la cabina — *cabin*
il/la capo-cabina — *chief steward*
il caricamento — *loading*
il carico — *load*
la cintura di
sicurezza — *seat belt; safety belt*

la coda — *queue; tail*
il compartimento — *overhead*
in alto — *compartment*

il controllo
passaporti — *passport control*

la coperta — *blanket*
il corridoio — *gangway; aisle*
il posto sul
corridoio — *corridor seat*

la cuffia
stereofonica — *head set*

il cuscino — *pillow*
il decollo — *take-off*
il disastro
(aereo) — *crash*

l'equipaggio — *crew*
la fila — *row*
la fusoliera — *fuselage*
la cucina
di bordo — *galley*

il giubbotto di
salvataggio — *life jacket*

la latitudine — *latitude*
la maschera
d'ossigeno — *oxygen mask*

le norme di
sicurezza — *safety regulations*

il numero del posto	*seat number*
il passaporto	*passport*
la pillola per il mal d'aria	*tablet for air sickness*
il/la pilota	*pilot*
la pista di atterraggio	*runway*
la porta	*door*
il posto; la poltrona	*seat*
il posto accanto al finestrino	*window seat*
il problema al motore	*engine trouble*
il problema tecnico	*technical problem*
la procedura di emergenza	*emergency procedure*
il sacchetto per il mal d'aria	*airsickness bag*
la scala	*stairs*
la scaletta d'imbarco	*ramp*
la scaletta mobile	*steps (to board aircraft)*
lo schienale della poltrona	*back seat*

il secondo pilota	*co-pilot*
la stiva	*hold*
il tavolino	*table*
il tavolino di fronte a Lei	*the table in front of you*
la turbolenza	*turbulence*
l'ufficiale di rotta	*navigator*
l'uscita	*way out*
l'uscita di sicurezza	*emergency exit*
la velocità	*speed*
il vuoto d'aria	*air pocket*
allacciare/agganciare la cintura	*to fasten your seat belt*
decollare	*to take off*
atterrare	*to land*
rimanere seduti	*to remain seated*
alzare	*to raise*
abbassare	*to lower*
togliersi . . .	*to remove . . .*
la dentiera	*false teeth*
gli occhiali	*glasses*
le scarpe col tacco alto	*high heeled shoes*
precipitare; schiantarsi al suolo	*to crash*

40 Viaggi e turismo *Travel and tourism*

VIAGGI PER MARE/FIUME/CANALE
TRAVEL BY SEA/RIVER/CANAL

l'aliscafo	*hydrofoil*
la barca a remi	*rowing boat*
il battello	*boat*
il catamarano	*catamaran*
la chiatta	*barge*
la motobarca	*motorboat*
il motopeschereccio a strascico	*trawler*
il motoscafo	*powerboat*
la nave	*ship*
la nave container	*container ship*
la nave da crociera	*cabin cruiser*
la nave di linea	*cruise liner*
la nave traghetto; il traghetto	*ferry boat*
il panfilo	*yacht*
il pedalò	*pedalo*
il peschereccio	*fishing boat*
la pilotina	*pilot boat*
il piroscafo a vapore	*steam ship*
il vaporetto	*steam boat*
il veliero	*sailing ship*
l'ancora	*anchor*
l'elica	*propeller*
i boccaporti	*freight doors*
il boccaporto; il portellone	*vehicle-loading door*
la cabina	*cabin*
la ciminera	*funnel*
l'oblò	*porthole*
la passerella	*gang plank*
il ponte	*deck*
il ponte di comando	*bridge*
la poppa	*stern*
la prua	*bows*
il radar	*radar*
gli stabilizzatori	*stabilisers*
la sala macchine	*engine room*
a sinistra	*port*
a dritta	*starboard*
il timone	*helm*
le vele	*sails*
gli ufficiali	*officers*
il comandante	*captain*
il navigatore	*navigator*
il commissario di bordo	*purser*
l'equipaggio	*crew*
il marinaio	*sailor; seaman*
il mozzo	*cabin / ship's boy*
aggottare; sgottare	*to bail out*
andare in crociera	*to go on a cruise*
governare (una nave)	*to steer (a ship)*
imbarco	*embarcation*
navigare	*to sail (vessel and crew)*
navigare a gonfie vele	*to set sail*
navigare a vapore	*to steam*
ormeggiare	*to moor; to berth; to dock*
soffrire il mal di mare	*to be seasick*
veleggiare; navigare a vela	*to sail*
viaggiare per mare	*to sail (passenger)*
abbandono nave	*abandon ship*
il giubbotto di salvataggio	*lifejacket*
la guardia costiera	*coast guard*

l'iceberg	*iceberg*	la banchina	*dock (wharf)*
la lancia di		la boa; il	
salvataggio	*lifeboat*	galleggiante	*buoy*
il naufragio	*a sinking*	il faro	*lighthouse*
la nave	*shipwreck* (wrecked	l'isola	*island*
naufragata	ship)	il mare	*sea*
il salvagente	*lifebelt*	il porto	*port*
		lo scalo	*port of call*
affondare	*to sink*	gli scogli	*rocks*
annegare	*to drown*	le scogliera	*cliffs*
arenarsi; andare		il vento forte;	
in secca	*to run aground*	la burrasca	*gale*
naufragare	*to be shipwrecked*	la nebbia	*fog*
nuotare	*to swim*	la sirena da	
soccorrere, salvare		nebbia	*fog horn*
	to rescue	il mare è . . .	*the sea is . . .*
urtare uno		agitato	*rough*
scoglio	*to hit a rock*	calmo	*smooth*
il bacino	*dock*		

Espressioni idiomatiche
••••••••••••••••••••••••••••••••
Mettere i bastoni fra le ruote. *To rock the boat.*
Promettere mari e monti. *To promise the moon and the stars.*

40 Viaggi e turismo *Travel and tourism*

TRASPORTI URBANI
TRAVEL ROUND TOWN

la biglietteria automatica	*ticket dispenser*
il conducente; l'autista	*driver*
il corridoio	*aisle*
la corsa	*journey* (bus, taxi)
la fermata dell'autobus	*bus stop*
il posto	*seat*
la stazione dell'autobus	*bus station*
la tariffa; il prezzo della corsa	*fare*

BICICLETTA E MOTOCICLETTA
BICYCLE AND MOTORBIKE

la canna	*crossbar*
il carter	*chain guard*
il catarifrangente	*rear reflector*
la catena	*chain*
il corredo per riparazioni	*repair kit*
la dinamo	*dynamo*
il fanale	*front light*
la foratura	*puncture*
la forcella	*forks* (of bicycle)
il freno	*brake*
le gomme; i pneumatici	*tyres*
il manubrio	*handlebars*
il mozzo	*hub*
il pedale	*pedal*
la pompa	*pump*
le ruote	*wheels*
lo scooter	*scooter*
il sellino	*saddle*

TURISMO
TOURISM

l'agente di viaggi	*travel agent*
l'assicurazione	*insurance*
i biglietti	*tickets*
l'immunizzazione	*jabs, inoculations*
il modulo di prenotazione	*booking form*
l'opuscolo	*brochure*
il visto	*visa*

Zone turistiche *Holiday areas*

l'agriturismo	*farm holiday*
il luogo di villeggiatura	*holiday resort*
il parco di divertimento	*theme park*
il parco nazionale	*national park*
la zona di bellezza naturale	*area of natural beauty*

Assisi	*Assisi*
Capri	*Capri*
la Costa amalfitana	*Amalfi coast*
l'Etna ed il Vesuvio	*Etna and Vesuvius*
i mosaici di Ravenna	*the mosaics of Ravenna*
il Parco Nazionale del Gran Sasso	*Gran Sasso National Park*
il Vaticano	*Vatican City*
la laguna di Venezia	*the lagoon of Venice*
la statua del Redentore a	*the statue of the Redeemer at*
Maratea	*Maratea*
la torre di Pisa	*the Tower of Pisa*
la Toscana e le sue cittá	*Tuscany and its towns and cities*
le Dolomiti	*the Dolomites*
Pompei ed Ercolano	*Pompei and Herculaneum*
la Riviera Ligure	*the Italian Riviera*
Mi piace passare le vacanze ...	*I like to spend my holidays ...*
a casa.	*at home.*
ai laghi.	*on the lakes.*
al mare.	*at the seaside.*
alle terme.	*at a spa.*
in campagna.	*in the country.*
in città.	*in a city.*
in mare; in barca.	*at sea.*
in montagna.	*in the mountains.*
in una stazione climatica.	*at a health resort.*
sulla costa (tirrenica)	*on the(Tyrrhenian) coast.*
sulla neve.	*in the snow.*

Italy has many spas. Their various waters are credited with the ability to relieve many different ailments and they are much frequented by the Italians. They are even available on prescription from the Italian national health service.

Preferisco una vacanza ...	*I prefer a holiday ...*
lontano da tutto.	*away from it all.*
all'estero.	*abroad.*
attiva.	*an active holiday.*
con i miei amici.	*with my mates.*
di fine settimana.	*a weekend break.*
di lavoro.	*a working holiday.*
rilassante.	*a lazy holiday.*
studio.	*an educational holiday.*

Preferiso . . .	I prefer . . .
andare a sciare.	a skiing holiday.
fare agriturismo.	a farm holiday.
fare alpinismo.	a mountaineering holiday.
fare trekking/escursionismo a piedi.	a walking holiday.
un safari.	a safari.
un viaggio.	a tour.
un viaggio naturalistico.	a nature hoilday.
un viaggio-avventura.	an adventure holiday.
una crociera.	a cruise.
una gita.	a trip.
una gita di un giorno.	a day trip.
una settimana bianca.	a week on the snow.

Voglio visitare . . .	I want to visit the . . .
l'abbazia	abbey
il castello	castle
le catacombe	catacombs
la cattedrale	cathedral
le cave di marmo	marble caves
la chiesa	church
il convento	convent
il fiume	river
la fontana	fountain
la foresta	forest
la gola	gorge
la grotta	cave
il palazzo storico	historic building
il lago	lake
il luogo di nascita	birthplace
il mausoleo	mausoleum
il monastero	monastery
la montagna	mountain
il monumento	monument
il monumento antico	ancient monument
il museo	museum
la necropoli	necropolis
l'obelisco	obelisk

il ponte	bridge
il tempio	temple
la torre	tower
la villa/il palazzo d'interesse storico o artistico	stately home

Voglio vedere	I wish to see
il panorama	the view.

romano, -a	Roman
normanno, -a	Norman
bizantino, -a	Byzantine
moresco, -a	Moorish
greco, -a	Greek
etrusco, -a	Etruscan

l'escursionista (a piedi)	backpacker
l'ospite	visitor
il/la turista	tourist
l'ubriacone da birra	'lager lout'
il viaggiatore	traveller
il villeggiante	holidaymaker
la carta topografica	map
la cartina stradale	road map

la crema contro le zanzare	*mosquito repellent*
la crema doposole	*aftersun cream*
la crema/la lozione solare	*sun cream / lotion*
il frasario	*phrase book*
la guida turistica	*guide book*
la guida; il cicerone	*guide* (person)
la macchina fotografica	*camera*
il marsupio	*money belt*
il passaporto	*passport*
la pianta della città	*town plan*
il ricordino; il souvenir	*souvenir*

il riduttore	*adapter* (photogr.)
gli scarponi/le scarpe per camminare	*walking boots / shoes*
la spina intermedia; l'adattatore	*electric adaptor*
la valigia	*suitcase*
lo zaino; il sacco da montagna	*rucksack*
andare all'estero	*to go abroad*
comprare	*to buy*
filmare	*to film*
fotografare	*to photograph*
prenotare	*to book*
rimanere	*to stay, to remain*
stare	*to stay*
viaggiare	*to travel*
visitare	*to visit*

ADESSO TOCCA A TE!

● *Once you've read the next section, name the numbered items in this picture.*

190

ALLOGGI PER LE VACANZE
HOLIDAY ACCOMMODATION

il salone	*lounge*
le scale	*stairs*

Staremo . . .	*We are going to stay . . .*
in campeggio.	*on a campsite.*
in albergo.	*in an hotel.*
in ostello.	*in a hostel.*
in una pensione.	*at a guest house.*
in una pensione famigliare con alloggio e prima colazione.	*in a bed and breakfast*
in una locanda.	*at an inn.*
in una fattoria.	*on a farm.*
in una colonia	*in a holiday camp* (for children)
in un ostello per la gioventù.	*in a youth hostel.*
in un villaggio vacanze.	*in a holiday village.*
in un rifugio alpino.	*in a mountain hut.*

In albergo *At the hotel*

l'ascensore (m.)	*lift, elevator*
il bar	*bar*
la camera . . .	*. . . room*
a due letti	*with two beds*
a un letto/ singola	*with single bed*
matrimoniale	*with double bed*
con bagno	*with bath*
con doccia	*with shower*
con T.V.	*with T.V.*
con telefono	*with phone*
con balcone	*with balcony*
con vista del mare	*with a sea view*
il negozio	*shop*
la palestra	*fitness room*
la piscina	*pool*
la portineria	*reception*
sul retro	*at the rear*
il ristorante; la sala da pranzo	*restaurant / dining room*
la stanza per cambiarsi	*changing room*
tranquilla	*quiet*

In campeggio *On the camp-site*

l'acqua	*water*
l'acqua potabile	*drinking water*
l'area; il sito; il posto	*site*
le attrezzature per lavare	*washing facilities*
il camper	*camper van*
le docce	*showers*
l'elettricità	*electricity*
i gabinetti	*toilets*
i lavandini	*sinks*
il parcheggio	*parking*
i rifiuti; la spazzatura	*refuse, rubbish*
la roulotte	*caravan*
il sacco a pelo	*sleeping bag*

40 Viaggi e turismo *Travel and tourism*

il tavolo/la sedia pieghevole	*folding table / chair*
la tenda	*tent*
piantare la tenda	*to pitch a tent*

Nell'ostello per la gioventù
In the youth hostel

la camerata	*dormitory*
la cucina	*kitchen*
il direttore, la direttrice	*house parent*
i gabinetti	*toilets*
il gestore	*warden*
la mensa	*dining room*

il regolamento	*regulations*
la sala di ricreazione	*recreation room*
Nome	*Name*
Domicilio	*Domicile*
Luogo di nascita	*Place of birth*
Data di nascita	*Date of birth*
Nazionalità	*Nationality*
Numero di immatricolazione auto	*Car registration*
Data di arrivo	*Date of arrival*
Data di partenza	*Date of departure*
Numero carta d'identità	*Identity card number*

AL MARE
AT THE SEASIDE

l'alga (pl. le alghe)	*seaweed*
l'alta marea	*high tide*
l'asciugamano	*towel*
il/la bagnino, -a	*lifeguard*
la bassa marea	*low tide*
la cabina	*cabin*
il chiosco dei gelati	*ice-cream kiosk*
i ciottoli	*shingle*
il costume da bagno	*swimming costume*
la crema doposole	*aftersun cream*
la crema solare	*sun cream*
la duna	*dune*
la lozione antiscottature	*sunburn lotion*
il mare	*sea*
la marea	*tide*
gli occhiali da sole	*sun glasses*

l'ombrellone	*beach umbrella*
l'onda	*wave*
il picnic	*picnic*
la protezione frangivento	*wind break*
la sabbia	*sand*
la sabbia tra le dita dei piedi	*sand between the toes*
il secchiello e la paletta	*bucket and spade*
la sedia a sdraio	*deckchair*
la spiaggia	*beach*
la maschera da sub	*snorkel*
le pinne	*flippers*
costruire castelli di sabbia	*to build sandcastles*
nuotare	*to swim*
prendere il sole	*to sunbathe*
rilassarsi	*to relax*
scavare	*to dig*

See also Clothes and fashion, (p.88); and Hobbies and sports, (p.129).

AUTO E TURISMO
AUTOMOBILISTICO
CARS AND MOTORING

l'assicurazione	*insurance*
la carta verde	*green card*
la carta di circolazione	*car papers*
le strade	*roads*
la segnaletica stradale	*road signs*
la stazione di rifornimento/ l'area di servizio	*petrol station*

cambiare marcia	*to change gear*
condurre; guidare	*to steer*
fare retromarcia	*to reverse*
frenare	*to brake*
guastarsi	*to break down*
guidare	*to drive*
investire	*to run over*
perdere il controllo	*to lose control*
urtare contro	*to hit* (objects)
scontrarsi	*to collide*
slittare; sbandare	*to skid*
sorpassare	*to overtake*
sterzare; scartare	*to swerve*
superare il limite di velocità	*to speed*

Parti ed accessori per auto
Car parts and accessories

gli abbaglianti	*high beam*
gli anabbaglianti	*low beam*
l'auto (mobile); la macchina	*car*

il bagagliaio; il portabagagli	*boot*
la carrozzeria	*body*
il clackson	*horn*
il cofano	*bonnet, hood*
il convertitore catalittico	*catalytic converter*
i fari; i proiettori	*head lamps*
il finestrino	*window*
folle	*neutral*
i freni	*brakes*
i freni ABS	*ABS braking*
il freno a mano/di stazionamento	*handbrake*
la frizione	*clutch*
la guida a destra	*right-hand drive*
gli indicatori di direzione; le frecce	*indicators*
il lavacristallo	*screen wash*
le luci di arresto	*brake-lights*
le luci di posizione	*sidelights*
la marcia	*gear*
il motore	*engine*
il parabrezza	*windscreen*
il parabrezza infrangibile	*laminated windscreen*
il parafango	*wing*
il paraurti	*bumper*
i pezzi di ricambio	*spare parts*
lo pneumatico; la gomma	*tyre*
la prima/seconda /terza marcia	*first / second / third gear*
il radiatore	*radiator*
la retromarcia	*reverse*
la retromarcia; la marcia indietro	*reverse gear*
la ruota	*wheel*

lo scappamento	*exhaust*
la scatola del cambio	*gear box*
i sedili	*seats*
il serbatoio della benzina	*petrol tank*
il servosterzo	*power-assisted steering*
lo specchietto retrovisore	*rear-view mirror*
lo sportello; la portiera	*door*
il tappo del serbatoio	*petrol cap*
la targa	*number plate*
il telaio; l'autotelaio	*chassis*
il tergicristallo	*windscreen wipers*
il tetto	*roof*
il volante; lo sterzo	*steering wheel*
a tre/cinque porte	*hatchback*
automatica	*automatic*
l'autoscuola	*driving school*
l'autolavaggi	*car wash*
la cera per automobili	*car wax*
il foglio rosa	*provisional licence*
la formula Uno	*Formula One*
il fuoristrada	*four-wheel drive*
il liquido tergicristallo	*screen wash*
il manuale; il libretto d'istruzioni	*manual*
la patente	*licence*
la prestazione	*performance*
il cavallo-vapore	*horsepower*
i chilometri per litro	*km per litre*
la frenatura	*braking*
le miglia per gallone	*m.p.g.*

lo sterzo	*steering*
la velocità	*speed*
il/la principiante	*learner driver*
la revisione	*MOT*
l'auto sportiva; la spider	*sports car*
l'Automobile Club Italiano	*Italian Automobile Association*
avere una gomma a terra	*to have a puncture*
il blocco stradale	*hold-up*
il carro attrezzi	*breakdown van*
il codice della strada	*highway code*
essere in panne	*to have a breakdown*
la foratura	*puncture*
il guasto	*breakdown*
guidare in folle/ a motore spento	*to coast*
l'incidente (m.)	*accident*
l'ingorgo	*traffic jam*
la pressione dell'olio	*oil pressure*
la riparazione	*repair*
lo scontro	*collision*
il soccorso	*assistance*
il soccorso stradale	*breakdown assistance*
il tamponamento a catena	*pile-up*

Le strade *Roads*

l'autogrill	*motorway restaurant and snack-bar*
l'autostrada	*motorway (green signs in Italy)*
il casello	*toll-booth*
la corsia	*lane*
la corsia di emergenza	*hard shoulder*
la corsia di sorpasso	*overtaking lane*

le curve	*bends*
la deviazione	*diversion*
il divieto di sorpasso	*no overtaking*
il guardrail	*guard rail*
l'isola spartitraffico	*traffic island*
i lavori in corso	*road works*
il limite di velocità	*speed restriction*
le luci di emergenza	*emergency lights*
il margine (della strada)	*verge*
il pedaggio	*toll*
il raccordo	*slip road*
la segnaletica stradale	*road signs*
il semaforo	*traffic lights*
la strada ...	
principale	*main road*
statale (SS)	*A road (blue signs in Italy)*
secondaria	*side road*
di campagna	*country road*
a senso unico	*one-way street*
senza uscita	*cul-de-sac*
sdrucciolevole	*liable to skidding*
a doppia carreggiata	*dual carriageway*
ad unica carreggiata	*single carriageway*
a doppio senso di circolazione	*two-way traffic*
il telefono di emergenza	*roadside phone*
i venti forti	*high winds*

All'area di servizio
At the services

la stazione di rifornimento	*petrol station*
il distributore di benzina	*petrol pump*
la benzina	*... petrol*
con piombo	*leaded*
senza piombo	*unleaded*
super	*four-star*
il gasolio	*diesel*
l'olio	*oil*
il fluido per freni	*brake fluid*
l'antigelo	*anti-freeze*
il liquido tergicristallo	*screen wash*
la pressione dei pneumatici/delle gomme	*tyre pressure*
la lampadina	*light bulb*
la carta automobilistica/ stradale	*road map*
il triangolo catarifrangente	*warning triangle*
il deflettore dei fari	*headlamp deflector*

Proverbio
....
Chi va piano va sano e lontano.
Slow but sure.

195

41 La Natura *The Natural World*

LA CAMPAGNA
THE COUNTRYSIDE

Il paesaggio *The landscape*

la campagna	*country*
il villaggio	*village*
la chiesa	*church*
il ruscello	*stream*
il fiume	*river*
la cascata	*waterfall*
le rocce	*rocks*
il lago	*lake*
lo stagno; il laghetto	*pond*
la palude	*marsh*
la pianura	*plain*
la valle	*valley*
il deserto	*desert*
la collina	*hill*
la montagna	*mountain*
la catena (di montagne)	*mountain range*
il picco	*mountain peak*
la cima; la vetta	*summit*
la funiculare	*funicular*
la cabinovia	*cable railway*
la seggiovia	*chair lift*
la sciovia; lo ski lift	*ski lift*
il campo	*field*
la prateria	*grassland*
il cancello	*gate*
il muro	*wall*
la siepe	*hedge*
il viottolo:il sentiero	*path*
il cavalcasiepe; il cavalcasteccato	*stile*
il sentiero	*footpath*

lo steccato	*fence*
il bosco	*wood*
la foresta	*forest*
l'albero	*tree*
l'albero caducifoglio	*deciduous tree*
l'acero	*maple*
la betulla pendula	*silver birch*
il castagno	*chestnut*
il faggio	*beech*
il frassino	*ash*
l'olmo	*elm*
il pioppo	*poplar*
la guercia	*oak*
il salice	*willow*
il sicomoro	*sycamore*
la conifera	*coniferous tree*
l'abete (m.)	*fir*
il cipresso	*cypress*
il ginepro	*juniper*
il larice	*larch*
il pino	*pine*
camminare	*to walk*
andare in bicicletta	*to cycle*
fare una gita a piedi	*to hike*
cavalcare	*to ride (a horse)*
pedalare	*to pedal*
fare una merenda all'aperto/ un picnic	*to picnic*
fare una corsa	*to go for a run*

ADESSO TOCCA A TE!

● *What do the symbols mean?*

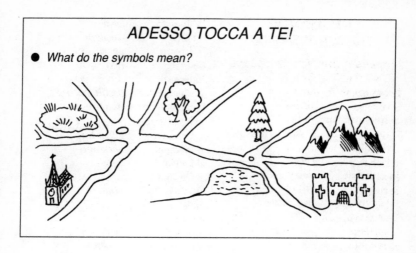

NEL PODERE
ON THE FARM

il podere	*farm*
la fattoria	*farm building*
l'aia	*farm yard*
arabile	*arable*
dar da mangiare agli animali	*to feed the animals*
il bestiame; i bovini	*cattle*
il caseificio	*dairy / cheese factory*
i buoi da marcello	*beef cattle*
le mucche da latte	*dairy cattle*
la villetta; la casetta	*cottage*
il fienile	*barn*
il granaio	*grain store*
la scuderia	*stall*
la stalla	*byre*
il capannone	*barn* (for cattle)
il trattore	*tractor*
l'aratro	*plough*
la mietitrice	*harvester*
la mietitrebbiatrice	*combine harvester*
i cereali	*cereals*
l'avena	*oats*
il chicco	*grain*
il frumento	*wheat*
il mais; il granturco	*maize*
l'orzo	*barley*
la segale	*rye*
la prateria; il terreno coltivato a erba	*grassland*
il fieno	*hay*
la paglia	*straw*
il recinto	*fence, paddock*
il cancello	*gate*
la siepe	*hedge*

seminare	*to sow*
piantare	*to plant*
coltivare	*to cultivate*
irrigare	*to irrigate*
mietere	*to harvest*
trebbiare	*to thresh*
vendemmiare	*to harvest grapes*

Gli animali da fattoria
Farm animals

la mucca; la vacca	*cow*
la giovenca	*heifer*
il toro	*bull*
il manzo	*bullock*
il vitello	*calf*
il cavallo	*horse*
lo stallone	*stallion*
la cavalla; la giumenta	*mare*
il puledro	*foal*
l'asino	*donkey*
il mulo	*mule*
il cavallo da tiro	*cart horse*
il cavallino	*pony*
la pecora	*sheep*
il montone	*ram*
l'agnello	*lamb*
il maiale; il porco	*pig*
la scrofa	*sow*
il verro	*boar*
il maialino; il porcellino	*piglet*
la capra	*goat*
il capro; il caprone; il becco	*billy goat*
la capretta	*nanny goat*
il capretto	*kid*
il pollo	*chicken*
la gallina	*hen*
il pulcino	*chick*
il galletto	*cockerel*
l'uovo	*egg*
l'oca	*goose*

il papero	*gander*
il/la papero, -a	*gosling*
l'anatra	*duck*
l'anatroccolo	*duckling*

Gli animali selvatici
Wild animals

il coniglio	*rabbit*
la donnola	*weasel*
il furretto	*ferret*
la lepre	*hare*
la lontra	*otter*
la rana	*frog*
il ratto	*rat*
il riccio	*hedgehog*
il rospo	*toad*
lo scoiattolo	*squirrel*
la talpa	*mole*
il tasso	*badger*
il verme	*worm*
il visone	*mink*
la volpe	*fox*

IN SAFARI
ON SAFARI

il mammifero	*mammal*
l'alce (m.)	*elk*
l'alce americano	*moose*
l'antilope (f.)	*antelope*
la balena	*whale*
il bisonte	*bison*
il buffalo	*buffalo*
il cammello	*camel*
il camoscio	*chamois*
il canguro	*kangaroo*
il cinghiale	*wild boar*
il delfino	*dolphin*
l'elefante (m.)	*elephant*
la foca	*seal*
la gazzella	*gazelle*

il giaguaro	*jaguar*
la giraffa	*giraffe*
la iena	*hyena*
l'ippopotamo	*hippopotamus*
l'istrice (m.)	*porcupine*
il koala	*koala*
il leone	*lion*
il leopardo	*leopard*
il lupo	*wolf*
l'orso bruno	*brown bear*
l'orso grigio	*grizzly bear*
l'otaria	*sea lion*
la pantera	*panther*
la puzzola	*skunk*
la renna	*reindeer*
il rinoceronte	*rhinoceros*
la scimmia	*monkey*
il serpente	*snake*
lo stambecco	*ibex*
la tigre	*tiger*
la zebra	*zebra*

Le parti dell'animale
Parts of the animal

gli artigli	*claws*
la coda	*tail*
la conchiglia	*sea shell*
la corazza	*shell* (of tortoise, etc.)
le corna ramificate	*antlers*
il corno	*horn*
il guscio	*egg shell*
il mantello	*coat*
la pelle	*skin*
la pelliccia	*fur*
il pelo	*hair*
la proboscide	*trunk* (of elephant)
la scaglia; la squama	*scale*
la zampa	*paw*
la zanna	*tusk*
lo zoccolo	*hoof*

i binocoli	*binoculars*
la caccia	*hunt, hunting, shooting*
cacciare; andare a caccia	*to hunt*
la corrida	*bullfight*
la macchina fotografica	*camera*
prendere; acchiappare	*to catch*
lo sparo	*shoot*
abbaiare	*to bark*
barrire	*to trumpet*
belare	*to bleat*
cantare	*to crow*
chiurlare	*to hoot*
cinguettare	*to chirp*
fare le fusa	*to purr*
grugnire	*to grunt*
miagolare	*to miaow*
mordere	*to bite*
muggire	*to bellow, to moo*
nitrire	*to neigh*
pungere	*to sting*
ronzare	*to buzz*
ruggire	*to roar*
sibilare	*to hiss*
squittire	*to squeak*
strisciare	*to crawl*
ululare	*to howl*

GLI UCCELLI
BIRDS

l'osservazione/lo studio degli uccelli	*bird watching*
l'aquila	*eagle*
l'allodola	*skylark*
l'avvoltoio	*vulture*
il balestruccio	*martin*
il barbagianni	*barn owl*
il beccaccino	*snipe*

la cicogna	*stork*
il cigno	*swan*
la cinciallegra	*great-tit*
la cinciallegra cerulea; la cinciarella	*bluetit*
la civetta; il gufo	*owl*
la colomba	*dove*
il cormorano	*cormorant*
il corvo	*crow*
il corvo nero	*rook*
il cuculo	*cuckoo*
il fagiano	*pheasant*
il falco	*hawk*
il falco pescatore	*osprey*
il fringuello	*chaffinch*
il gabbiano	*seagull*
il gallo cedrone	*grouse*
la gazza	*magpie*
il martin pescatore	*kingfisher*
il merlo	*blackbird*
il passero	*sparrow*
il pellicano	*pelican*
la pernice	*partridge*
il pettirosso	*robin*
il piccione	*pigeon*
la poiana	*buzzard*
la rondine	*swallow*
il rondone	*swift*
lo storno	*starling*
il tordo	*thrush*
l'usignolo	*nightingale*
l'ala	*wing*
l'artiglio	*claw*
il becco	*beak*
il nido	*nest*
la piuma	*feather*
l'uovo	*egg*

ADESSO TOCCA A TE!

● *Which of the following animals could be found on a farm and which might be found on a list of creatures liable to become extinct? Tick as appropriate.*

	nel odere	in estinzione		nel podere	in estinzione
agnelli			aquile		
polli			orsi		
balene			delfini		
cavalli			foche		
tigri			conigli		
rinoceronti			anatre		
oche			maiali		

GLI INSETTI
INSECTS

l'ape (f.)	*bee*
l'alveare (m.)	*beehive*
il favo	*honeycomb*
il miele	*honey*
il bruco	*grub, caterpillar*
la cavalletta	*grasshopper*
la coccinella	*ladybird*
la farfalla	*butterfly*
la farfalla notturna	*moth*
la formica	*ant*
l'insetto con pungiglione/ aculeo	*stinging insect*

la libellula	*dragonfly*
la mosca	*fly*
il moscerino	*midge*
il moscone azzurro	*bluebottle*
la pulce	*flea*
il ragno	*spider*

la ragnatela	*spider's web*
lo scarafaggio	*beetle; cockroach*
il tafano	*horse fly*
la tarma; la tignola	*moth* (clothes)
la vespa	*wasp*
il vespaio	*wasp's nest*
la zanzara	*mosquito*

Premunitevi! *Be prepared!*

le compresse antimalariche	*malaria tablets*
la crema antistaminica	*anti-histamine cream*
l'insetticida vaporizzabile	*insecticide*
la puntura di zanzara	*mosquito bite*
la puntura d'ape	*bee sting*
lo spray contro le mosche	*fly spray*
la zanzariera	*mosquito net*

41 La Natura *The Natural World*

I PROBLEMI DELL'AMBIENTE
ENVIRONMENTAL ISSUES

l'ambientalista	*environmentalist*
l'ambiente	*environment*
la bonifica agraria	*land reclamation*
il clorodifluoro (m.) etano	*CFCs*
la conservazione dell'energia	*energy conservation*
la coscienza ambientale	*environmental awareness*
il deserto	*desert*
la distruzione della foresta tropicale	*destruction of the rain forest*
la distruzione dell'ambiente	*destruction of the environment*
la distruzione dell'habitat	*destruction of the habitat*
l'ecologia	*ecology*
l'effetto serra	*greenhouse effect*
l'erosione del terreno	*soil erosion*
la foresta tropicale	*rain forest*
l'inquinamento atmosferico	*air pollution*
l'inquinamento dell'acqua	*water pollution*
l'inquinamento dell'ambiente/ ambientale	*environmental pollution*
l'ozonosfera	*ozone layer*
la pioggia acida	*acid rain*
la protezione dell'ambiente	*environmental protection*
il riciclaggio	*recycling*
la sovrappopolazione	*overpopulation*
il vascello verde di Greenpeace	*the Greenpeace boat*
il combustibile...	*... fuel*
nucleare	*nuclear*
solido	*solid*
il carbone	*coal*
il gas	*gas*
l'olio	*oil*
la centrale elettrica	*power station*
la centrale nucleare	*nuclear power station*
l'energia nucleare	*nuclear energy*
la fissione nucleare	*nuclear fission*
la fusione nucleare	*nuclear fusion*
la radiazione	*radiation*
l'enegia ...	*energy, power ...*
alternativa	*alternative energy*
geotermica	*geothermic power*
idroelettrica	*hydroelectric power*
solare	*solar power*
la protezione ...	*protection ...*
dell'ambiente	*of the enviroment*
della fauna	*of animals*
della flora	*of plants*

IL TEMPO E IL CLIMA
WEATHER AND CLIMATE

il tempo	*the weather*
il barometro	*barometer*
il termometro	*thermometer*
il fronte	*front*
l'alta pressione	*high pressure*
la bassa pressione	*low pressure*
la temperatura	*temperature*
le previsioni	*forecast*
l'acquazzone	*heavy shower / downpour*
l'alluvione; l'innodazione	*flood*
l'arcobaleno	*rainbow*
l'aria	*air*
l'atmosfera	*atmosphere*
la brezza	*breeze*
la burrasca; i tuoni e i fulmini	*thunder and lightning*
il calore	*heat*
il cattivo/brutto tempo	*bad weather*
il cielo	*sky*
il clima	*climate*
la foschia	*mist*
il freddo	*cold*
il gelo	*frost*
ghiaccio	*ice*
il ghiacciolo	*icicle*
la grandine	*hail*
il monsone	*monsoon*
la nebbia	*fog*
la neve	*snow*
la palla di neve	*snowball*
il pupazzo di neve	*snowman*
lo spazzaneve	*snowplough*
la tempesta di neve	*snowstorm*
il nevischio	*sleet*
il nubifragio	*cloudburst*
la nuvola	*cloud*
l'ondata di caldo	*heatwave*
la pioggia	*rain*
la precipitazione	*rainfall*
la raffica (di vento)	*gust*
la rugiada	*dew*
le schiarite	*bright intervals*
la siccità	*drought*
il sole	*sun*
lo straripamento	*flooding*
il temporale	*storm*
la tromba d'aria	*whirlwind*
l'umidità	*humidity*
il vento	*wind*
il vento da sud/ est/ovest	*south / east / west wind*
il vento del nord	*north wind*
il verglass	*black ice*
la visibilità	*visibility*

Il tempo è . . .	*The weather is . . .*
bello	*fine*
caldo/ caldissimo	*hot / very hot*
fosco	*dull*
freddo	*cold*
fresco	*cool*
mite	*mild*
nebbioso	*foggy*
opprimente	*oppressive*
piovoso	*rainy, wet*
secco	*dry*
umido	*humid*
variabile	*changeable.*

Il cielo è . . .	*The sky is . . .*
azzurro	*blue*
sereno	*clear*
nuvoloso	*cloudy*
scuro/fosco	*dark*
coperto	*overcast*

brillare	*to shine*	piovere	*to rain*
cambiare	*to change*	rasserenarsi;	
gelare	*to freeze*	schiarirsi	*to clear up*
grandinare	*to hail*	sciogliersi	*to melt*
migliorare	*to improve*	sgelare	*to thaw*
nevicare	*to snow*	soffiare	*to blow*

	It's / It was . . .
È/Era nuvoloso.	*cloudy.*
Fa/Faceva freddo.	*cold.*
C'è/C'era nebbia.	*foggy.*
Si gela. Si gelava.	*freezing.*
Grandina./Grandinava.	*hailing.*
Fa/Faceva (molto) caldo.	*hot.*
È/Era umido.	*humid.*
C'è/C'era la burrasca.	*thunder and lightning.*
Piove. Pioveva.	*raining.*
Nevica. Nevicava	*snowing.*
Fa/Faceva caldo.	*warm.*
Tira/Tirava vento.	*windy.*

Si prevedono . . .	*There will be . . .*	venti forti	*strong winds*
acquazzoni	*showers*	nevicate	*snow*
schiarite	*bright intervals*		

Proverbio
. . . .
Rosso di sera, buon tempo si spera. *Red sky at night, shepherds' delight.*

ADESSO TOCCA A TE!

● *With the help of the vocabulary in this and the next section put the correct names of the winds defined below around* La Rosa dei Venti.

(1) La tramontana: vento freddo, generalmente secco, che soffia da nord.

(2) Il grecale: forte vento da nord-est che nella stagione fredda spira sul Mediterraneo centrale ed orientale.

(3) Lo scirocco: vento caldo da sud-est proveniente dall'Africa che si arricchisce di umidità attraversando il Mediterraneo.

(4) L'austro (il mezzogiorno): vento umido e caldo che soffia da mezzogiorno.

(5) Il levantino: vento che soffia da levante.

(6) Il ponente: vento fresco che spira da ovest.

(7) Il maestrale: vento da Nord-ovest generalmente freddo e secco, caratteristico del Mar Tirreno che investe tutta la penisola centrale.

(8) Il libeccio: vento da sud-ovest spesso molto violento, caratteristico del Mare Mediterraneo centrale e settentrionale.

il globo terrestre	*the Globe*
il Polo Nord	*North Pole*
il Circolo **A**rtico	*Arctic Circle*
l'Oceano **A**rtico	*Arctic Ocean*
il Tropico del Cancro	*Tropic of Cancer*
l'equatore	*equator*
i tropici	*tropics*
il Tropico del Capricorno	*Tropic of Capricorn*
il Circolo Antartico	*Antarctic Circle*
l'Oceano Antartico	*Antarctic Ocean*
le linee della latitudine	*lines of latitude*
le linee della longitudine	*lines of longitude*
il meridiano	*meridian*
la bussola	*compass*

I punti cardinali *Cardinal points*

il Nord; il Settentrione	*North*
il Sud; il Meridione; il Mezzogiorno	*South*
l'Est; l'Oriente	*East*
l'Ovest; l'Occidente	*West*

del nord; settentrionale	*northern*
del sud; meridionale	*southern*
orientale	*eastern*
occidentale	*western*

I continenti *The continents*

l'Africa	*Africa*
l'Australia	*Australia*
l'Eurasia	*Eurasia*
l'America	*America*
l'Antartica	*Antarctica*

Altre masse terrestri *Other land masses*

l'Europa	*Europe*
l'Oriente	*Far East*
l'India	*India*
il Medio Oriente	*Middle East*
il Nord America	*North America*
il Sud America	*South America*

Gli oceani *Oceans*

Atlantico	*Atlantic*
Pacifico	*Pacific*
Indiano	*Indian*
Artico	*Arctic*
Antartico	*Antarctic*

I PAESI EUROPEI *EUROPEAN COUNTRIES*

IL PAESE	*COUNTRY*	GLI ABITANTI *INHABITANTS*	LA LINGUA *LANGUAGE*
Europa	*Europe*	Europei	
Regno Unito	*United Kingdom*	Britannici	
Inghilterra	*England*	Inglesi	inglese
Galles	*Wales*	Gallesi	inglese, gaelico
Irlanda del Nord	*Northern Ireland*	Irlandesi del nord	inglese
Scozia	*Scotland*	Scozzesi	inglese, gaelico
Scandinavia	*Scandinavia*	Scandinavi	
Danimarca	*Denmark*	Danesi	danese
Finlandia	*Finland*	Finlandesi	finlandese
Svezia	*Sweden*	Svedesi	svedese
Norvegia	*Norway*	Norvegesi	norvegese
Europa Occidentale	*Western Europe*	Europei occidentali	
Belgio	*Belgium*	Belgi	fiammingo, francese, tedesco
Francia	*France*	Francesi	francese
Germania	*Germany*	Tedeschi	tedesco
Irlanda	*Ireland*	Irlandesi	irlandese, inglese
Olanda	*Holland*	Olandesi	olandese
Ungheria	*Hungary*	Ungheresi	magiaro
Italia	*Italy*	Italiani	italiano
Lussemburgo	*Luxemburg*	Lussemburghesi	francese, tedesco
Portogallo	*Portugal*	Portoghesi	portoghese
Spagna	*Spain*	Spagnoli	spagnolo
Svizzera	*Switzerland*	Svizzeri	tedesco, francese, italiano
Europa Centrale	*Central Europe*	Centro-Europei	
Austria	*Austria*	Austriaci	tedesco
Bosnia	*Bosnia*	Croati	serbo-croato
Croazia	*Croatia*	Croati	serbo-croato
Repubblica Ceca	*Czech Republic*	Cecoslovacchi	ceco
Grecia	*Greece*	Greci	greco
Slovachia	*Slovakia*	Slovacchi	slovacco, ceco, ungherese
Slovenia	*Slovenia*	Sloveni	sloveno, serbocroato

Jugoslavia	*Yugoslavia*	Jugoslavi	serbocroato
Albania	*Albania*	Albanesi	albanese
Europa Orientale	*Eastern Europe*	Europei orientali	
Polonia	*Poland*	Polacchi	polacco
Bulgaria	*Bulgaria*	Bulgari	bulgaro
Romania	*Romania*	Rumeni	rumeno
Turchia	*Turkey*	Turchi	turco
Russia	*Russia*	Russi	russo

Città importanti
Important cities

Atene	*Athens*
Berlino	*Berlin*
Berna	*Bern*
Bruxelles	*Brussels*
Dublino	*Dublin*
Edimburgo	*Edinburgh*
Ginevra	*Geneva*
Lisbona	*Lisbon*
Londra	*London*
L'Aia	*The Hague*
Madrid	*Madrid*
Monaco*	*Munich*
Mosca	*Moscow*
Parigi	*Paris*
Stoccolma	*Stockholm*

Strasburgo	*Strasburg*
Varsavia	*Warsaw*
Vienna	*Vienna*
Zurigo	*Zurich*
* (principato di)	*(Principality of)*
Monaco	*Monaco*

Città Italiane   *Italian cities*

Firenze	*Florence*
Genova	*Genoa*
Mantova	*Mantua*
Milano	*Milan*
Napoli	*Naples*
Padova	*Padua*
Roma	*Rome*
Torino	*Turin*
Venezia	*Venice*

ADESSO TOCCA A TE!

● *Fill in the names of the countries*

la Capitale	Roma	*Capital city*
la Popolazione	57.103.833 abitanti	*Population (1991 census)*
la Superficie	301.252 chilometri quadrati	*Area 116,314 square miles*

ORGANIZZAZIONI NAZIONALI
NATIONAL ORGANISATIONS

l' Automobile Club d'Italia (ACI)	*Italian Automobile Association*
Il Touring Club Italiano (TCI)	*Italian Touring Club*
La Lega Italiana per la Protezione degli Uccelli (LPPU)	*Italian league for the protection of birds*
Italia Nostra	*Association for the protection of the artistic, historic and environmental heritage*
l'Associazione handicappati	*Association for the handicapped*
il Club Alpino Italiano (CAI)	*Italian Alpine Club*
Drogatel	*Telephone helpline for drug problems*
il Telefono Azzurro	*Telephone helpline for abused children*
SOS Voce Amica	*Samaritans (equiv.)*
l'Anonima Alcolisti	*Alcoholics Anonymous*
Il Fondo per l'Ambiente Italiano (FAI)	*Fund for the Italian Environment*

In Rome there is a special information office for assistance to tourists: (06) 4686 ext. 2102 or 2878.

42 La Terra *The Earth*

L'UNIONE EUROPEA
THE EUROPEAN UNION

il Presidente	*The President*
il Consiglio d'Europa	*Council of Europe*
l'Eurodeputato	*Member of the European Parliament*
l'Europarlamento; il Parlamento europeo	*European Parliament*
la Commissione della Comunità europea	*European Commission*
la Corte di Giustizia europea	*European Court of Justice*
il Consiglio dei Ministri europeo	*European Council of Ministers*
il Sistema Monetario Europeo (SME)	*European Monetary System (EMS)*
il Trattato di Roma	*Treaty of Rome*
il Fondo di sviluppo europeo	*European Development Fund*
l'Unità di conto europea (Ecu); lo scudo	*European currency unit*
il Diritto europeo	*European law*
il Serpente europeo	*'European snake'; exchange rate margins of variation*
l'identità nazionale	*national identity*
l'integrazione	*integration*
la politica comune	*common policy*
sancire	*to sanction*

ORGANIZZAZIONI MONDIALI
WORLD ORGANISATIONS

la Croce Rossa	*Red Cross*
il Fondo mondiale per la natura; il WWF	*World Wildlife Fund*
il Greenpeace	*Greenpeace*
la Nato	*Nato*
le Nazioni Unite (ONU)	*United Nations (UN)*
l'Organizzazione Mondiale della Sanità	*World Health Organisation*
l'Unione europea	*European Union*

42 La Terra *The Earth*

NOTIZIE INTERNAZIONALI
INTERNATIONAL NEWS ITEMS

l'allagamento; l'alluvione	*flood*
il ciclone	*cyclone*
il colpo di stato	*military coup*
il disastro	*disaster*
il disastro aereo	*plane crash*
l'effetto serra	*greenhouse effect*
l'eruzione vulcanica	*volcanic eruption*
l'esplosione di una bomba	*bomb explosion*
le esplosioni nucleari	*nuclear explosions*
l'incendio	*fire*
l'incidente	*accident*
l'incontro al vertice	*summit meeting*
l'invasione	*invasion*
la lava	*lava*
il magma	*magma*
le notizie	*news*
la siccità	*drought*
la slavina	*landslide*
la tempesta	*tempest*
il terremoto	*earthquake*
il terrorismo	*terrorism*
i test nucleari	*nuclear tests*
il tifone	*typhoon*
il tornado; la tromba d'aria	*tornado*
l'uragano	*hurricane*
la valanga	*avalanche*
l'esplosione	*explosion*
il/la ferito, -a	*wounded*
in stato di shock	*shocked*
sopravvissuto, -a	*survivor*
ustionato, -a	*burned*
la vittima	*victim*
scrivere	*to write*
stampare	*to print*
morire	*to die*
rimanere ucciso, -a	*to be killed (accidentally)*
rimanere ferito, -a	*to be injured*

Citazioni tipiche dalla stampa *Typical newspaper quotations*

Esplosione di una bomba a . . ./in . . .	*Bomb blast in . . .*
Bomba esplode a . . ./in . . .	*Bomb explodes in . . .*
Nuovi scontri a . . ./in . . .	*Fighting breaks out in . . .*
Nuovi tentativi per . . .	*New efforts to . . .*
I governi cercano un'intesa su . . .	*Governments seek agreement on . . .*
Il governo cerca un'intesa con i sindacati	*The Government seeks an argreement with the unions*
Violento nubifragio minaccia . . .	*Storms threaten . . .*
Alluvione fa . . . vittime	*Floods kill . . .*
. . . riceve il premio Nobel per la pace	*. . . gets the Nobel Prize for peace*
. . . presi in ostaggio	*. . . are held hostage*
Aiutateci a fermare la nuvola che uccide.	*Help us to stop the killer cloud.*
L'enciclica del Papa condanna . . .	*The Papal encyclical condemns . . .*

43 **La sfera celeste** *The Celestial Sphere*

LO SPAZIO
SPACE

l'ammasso globulare	*globular star cluster*
l'anno luce	*light year*
l'asteroide (m.)	*asteroid*
l'astronauta	*astronaut*
il buco nero	*black hole*
il cosmo	*cosmos*
l'eclissi (f.)	*eclipse*
l'eclittica	*ecliptic*
la galassia	*galaxy*
la meteora; la stella cadente; il bolide	*meteor*
la meteorite	*meteorite*
la nave spaziale	*space ship*
la navetta spaziale	*shuttle*
la nebulosa	*nebula*
l'ozonosfera	*ozone layer*
il pianeta	*planet*
il satellite	*satellite*
la stazione spaziale	*space station*
il telescopio	*telescope*
l'ufo	*UFO*
l'universo	*universe*
il veicolo spaziale	*space craft*
la velocità della luce	*speed of light*
la Via Lattea	*Milky Way*
girare attorno a, orbitare	*to circle; to orbit*
lanciare	*to launch*

La luna *The moon*

le fasi della luna	*the phases of the moon*
luna nuova	*new moon*
primo quarto	*first quarter*
ultimo quarto	*last quarter*
luna piena; il plenilunio	*full moon*

I pianeti *The planets*

il Sole	*Sun*
Sirio	*Sirius*
Canopo	*Canopus*
la Stella Polare	*Polaris / pole star*
Mercurio	*Mercury*
Venere	*Venus*
Marte	*Mars*
Giove	*Jupiter*
Saturno	*Saturn*
Urano	*Uranus*
Nettuno	*Neptune*
Plutone	*Pluto*
Andromeda	*Andromeda*
Cassiopea	*Cassiopeia*
la Croce del Sud	*Southern Cross*
Orione	*Orion*
l'Orsa Maggiore	*the Great Bear*

La luna sorge, cresce, cala, tramonta.	*The moon rises, waxes, wanes, sets.*
Il sole sorge e tramonta.	*The sun rises and sets.*
il tramonto	*sunset*

43 **La sfera celeste** *The Celestial Sphere*

I segni dello zodiaco
The signs of the zodiac

l'ariete	*aries*
il toro	*taurus*
i gemelli	*gemini*
il cancro	*cancer*
il leone	*leo*

la vergine	*virgo*
la bilancia	*libra*
lo scorpione	*scorpio*
il saggitario	*saggitarius*
il capricorno	*capricorn*
l'acquario	*aquarius*
i pesci	*pisces*

Espressioni idiomatiche
....

Avere la luna (di traverso).	*To be in a bad mood.*
Passare come una meteora.	*To flash past.*
Credersi padrone dell'universo.	*To consider oneself lord of the universe.*

ADESSO TOCCA A TE!

● *When you have solved the anagrams of the words below you will obtain a short poem by the Italian poet Salvatore Quasimodo. (The first letter of each word with more than two letters is already in its correct place.)*

Ongnuio sat sloo slu croue dalle tarer

tarttofi* ad nu riggao id selo de è sobitu sare.

*transfixed; pierced through

---

44 Le Abbreviazioni *Abbreviations*

A	autostrada	*motorway*
ac	assegno circolare	*banker's draft*
a.c.	anno corrente	*of this year*
ACI	Automobile Club d'Italia	*Italian Automobile Club*
a.C.	avanti Cristo	*Before Christ*
ass.	assegno	*cheque*
c.a.p.	codice di avviamento postale	*postal code*
c/c	conto corrente	*current account*
c.c.p.	conto corrente postale	*post office current account*
c.m.	corrente mese	*inst.* (this month)
	cioè	*i.e.*
d.C.	dopo Cristo	*Anno Domini*
D.O.C.	denominazione di origine controllata	*controlled denomination* (wines)
Dott., Dott.ssa	Dottor (e); Dottoressa	*Doctor, person with university degree*
ed.	editore; edizione; edito	*publisher; edition; published*
Egr.	Egregio (signore)	*Dear (sir)*
ecc.	eccetera	*etc.*
F.gli	Figli	*Sons*
F.lli	Fratelli	*Brothers (Bros.)*
f.to	firmato	*signed*
Gent.le	Gentile (signora/signorina)	*Dear (madam)*
g/gg	giorno/giorni	*day / days*
Iva	Imposta Valore Aggiunto	*Value Added Tax, VAT*
Lit	Lire italiane	*Italian Lire*
Lst	Lire sterline	*pound sterling*
mitt.	mittente	*sender* (on letters)
ns/	nostro	*our / ours*
odg.	ordine del giorno	*agenda*
pag./pagg.	pagina/pagine	*page / pages*
per es.	per esempio	*e.g.*
Prof./Prof.ssa	professore/professoressa	*secondary education and university teacher: specialist in medicine*
RAI	Radiotelevisione Italiana	*Italian Broadcasting Corporation*
rag.	ragioniere, -a	*accountant*
Rev.	reverendo	*Reverend*
Rev.mo	reverendissimo	*Right Reverend*
Rif.	riferimento	*reference (ref.)*
SA	Società Anonima	*joint stock company, plc*

seg.	seguente	*following*
sig.	signor	*Mr*
sig.ra	signora	*Mrs*
Sig.na	signorina	*Miss*
SIP	Società Italiana per l'esercizio delle Telecomunicazioni	*Italian Telecom*
SpA	Società per Azioni	*joint stock company limited by shares*
Spett.le (Ditta)	Spettabile	*Dear Sirs* (at beginning of commercial letter – always abbreviated)
Srl	Società a responsabilità limitata	*limited liability company, Ltd*
SS	strada statale	*trunk road*
u.s.	ultimo scorso	*last month*
Vs/	vostro	*your / yours*

45 Le Imprecazioni *Expletives*

You are advised not to use this language yourself as it is likely to give offence, but you may find it useful to be able to understand it!

It is especially difficult for a non-native speakers to judge when such words can be used, how much offence it is likely to give and what reaction it is likely to incur. Ask yourself how you would react to being sworn at by a foreigner, and try to find other ways of responding.

Accidenti!	*Hell!*
Managgia! Maledizione!	*Damn!*
Dannazione!	*Blast!*
Merda!	*Shit!*
Cazzo (**Cavolo**, *a far less coarse word,* can be used instead)	*Prick! Hell! Shit!*
culo	*arse*
stronzo	*turd*
Togliti dai piedi!	*Piss off!*
Va a ...	*Go (to)*
Va a quel paese!	*Go to hell!*
Va a morì ammazzato! (Rome)	*Go to hell!*
Mi lasci/**La**sciami in pace!	*Leave me alone!*
Si tolga/**To**gliti dai piedi!	*Get lost!*
Che **cavolo** vuole?	*What the hell do you want?*
Non m'importa un **cavolo**!	*I don't give a damn!*

IL LINGUAGGIO DEI GESTI
GESTURES

The index and little finger sticking out from one's fist, much used by motorists, indicates that the recipient is or has been cuckolded. It is approximately the equivalent of the two-finger sign used in Britain. Unless you are driving a fast car with plenty of petrol in it, it is better not to perform it and to ignore it if you are on the receiving end.

The thumb and fingertips of one hand touched together and tapped two or three times to the forehead indicates that the person you are talking about, or the one you direct it to, is mad. This is also indicated by the index finger screwing the temple, whereas the latter gesture against one's cheek means that the food is tasty.

Biting one's index finger held sideways in the mouth, pulling one's hair scratching one's face or hitting one's fist into the palm of the other hand, are all signs of rage or anger.

Raising one's arm slowly, the hand reaching higher than the head and uttering a prolonged 'eeeeh' means 'What an exaggeration!'

With the palm held approximately downwards, rotating the hand back and forth two or three times means 'about . . .'. Apropos of this gesture, it is said that when people in Milan agree a time to meet they say the exact hour whereas in Rome they say 'Let's meet at about . . .'

46 Aiuto! *Help!*

Mi scusi, per favore.	*Excuse me, please*
Parla inglese?	*Do you speak English?*
Scusi! Mi scusi!	*Sorry! Pardon!*
Mi dispiace.	*I'm sorry.*
Prego?; Come ha detto?	*Pardon?*
Non capisco.	*I don't understand.*
Può/puoi ripetere, per favore?	*Can you repeat that, please?*
Può/puoi ripetere lentamente?	*Can you say it more slowly?*
Che vuol dire in inglese?	*What does that mean in English?*
Come si dice . . ?	*How do you say . . ?*
Come si scrive?	*How do you spell / write it?*
Me lo può scrivere, per favore?	*Can you write that down for me, please?*
Mi può aiutare?	*Can you help me?*
Capisce?	*Do you understand?*

Per favore; per cortesia; per piacere	*Please*
Grazie	*Thank you*
Prego	*Don't mention it*
Senta!/Senti!	*Listen!*

Mi dispiace, non volevo offendere.	*I'm sorry, I did not mean to give offence.*
Scusi, ho capito male.	*Sorry, I misunderstood.*
Mi dispiace ma mi ha frainteso.	*I'm afraid you have misunderstood me.*

È stata colpa mia.	*It was my fault.*
Non è stata colpa MIA.	*It was not MY fault.*
È stata colpa Sua/tua.	*It was your fault.*

Pericolo	*Danger*
Attento, -a	*Watch out!*
Faccia/Fai attenzione!	*Be careful!*
pericoloso	*dangerous*

Servizi di emergenza e numeri di telefono
Emergency services and telephone numbers

Chiama . . .	*Dial / call . . .*
i Carabinieri 112	*Police*
la Polizia	
i Vigili del fuoco 115	*Fire brigade*
l'Ospedale	*Hospital*

l'Ambulanza 113	*Ambulance*
il Soccorso stradale/il 116	*Breakdown assistance*

The Italian State Tourist Board have available, free of charge, a *Traveller's handbook* which is full of useful information. Their address is: 1 Princess Street, London W1R 8AY. Tel: 0171 408 1254.

Key to the Activities

Introduction **Activity 2:** (a) GENOVA (b) PERUGIA (c) PALERMO (d) PISA (e) CATANZARO (f) ROMA (g) VENEZIA
Greetings: **Activity 1:** Buongiorno; Buongiorno; Buonasera; Buonanotte. **Activity 2:** Buongiorno signore/dottore/ingegnere, etc.; buongiorno signorina; buongiorno signora.
Numbers **Activity 2:** millenovecentonovanotto; millenovecentonovantasei; millenovecentottantaquattro; millesessantasei; duemilaventicinque **Activity 3:** Claudia è prima; Francesca è seconda; Vittoria è terza.
The Calendar Lunedì dieci dicembre; mercoledì sedici marzo; venerdì ventidue giugno; martedì primo luglio; giovedì quindici agosto; domenica dodici ottobre.
The Clock **Activity 1:** (a) Vediamoci . . . all'una e un quarto; alle due e mezzo; alle tre meno un quarto/alle due e tre quarti; alle quattro; alle cinque meno un quarto/alle quattro e tre quarti; alle tredici e cinque; alle quattordici e venticinque; alle sedici e cinquantacinque; alle ventidue e quarantasei; alle ventitré e cinquantanove. (b) I negozi aprono dalle otto e trenta alle dodici e trenta, e dalle quindici e trenta alle diciannove e trenta.
Colours **Activity 2:** (UK) rosso, bianco, blu; (Italy) verde, bianco, rosso; (Norway) rosso, blu, bianco; (Germany) nero, rosso, giallo; (Spain) rosso, giallo. **Activity 3:** viola, rosso, bianco, azzurro, verde, grigio, arancio, porpora, marrone, turchese, nero, rosa, giallo, beige, blu
Adjectives **Activity 2:** (1) semplice (2) leggero (3) sbagliato (4) ingiusto (5) pesante (6) vicino (7) fragile (8) cattivo
Adverbs **Activity 1:** (a) Lei è molto/piuttosto alta. (b) Io sono veramente/molto stanco,-a. (c) Loro sono sempre/spesso in ritardo. (d) Sfortunatamente il signor Brown è occupato oggi. Forse (Lei) può venire/tornare domani. **Activity 2:** annualmente, gentilmente, aggressivamente, recentemente, esattamente.
Where? **1: a** casa; **in** Italia; **in** ufficio; **a** Roma; **in** montagna; **a** Capri **2:** Il gatto è: (a) dietro il muro (b) sotto il tavolo (c) davanti al cinema (d) tra l'uomo e la donna.
When? **Activity 1:** (a) spesso/sempre/regolarmente (b) presto (c) L'anno scorso/recentemente (d) Di solito fa bel tempo ma qualche volta piove. **Activity 2:** tardi, presto; mai, sempre; dopo, prima; la settimana prossima, la settimana scorsa; raramente, spesso.
Questions **Activity 1:** Che ore sono/che ora è? Quanto costa?; Chi è? Che auto è?; Dov'è?
Pronouns and conjunctions **Activity 1:** Questa è la mia/la tua/la Sua penna; Queste sono le mie/le tue/le Sue penne; Questo è il mio/il tuo/il Suo cappotto; Queste sono le mie/le tue/le Sue scarpe; Questa è la mia/la tua/la Sua auto; Questo è il mio/il tuo/il Suo bicchiere; Questo è il mio/il tuo/il Suo studente; Questo è il mio/il tuo/il Suo zaino;
Activity 2: (a) tranne me (b) quel che (c) Sua (d) tutti (e) ogni
Verbs **Activity 1:** Ieri: Lui è andato a pescare. Lei ha lavorato. Oggi: Lui gioca a golf. Lei cucina. Domani: Lui andrà in bicicletta. Lei farà le valigie e partirà (or: e se ne andrà).
Personal matters **1** Che bello! **2** (Molto)! **3** Odio la sua grande pancia! **4** Vorrei essere magra/snella (slim) come lei!
The family (p. 51) (a) uccello (b) bambino (c) allegro (d) cognato (e) gemello (f) cattivo (g) esausto (h) tirchio.
Life (p. 53) il pannolino; il sonaglio; il poppatoio; il succhiotto; l'asciugamano; il bavaglino; il neonato! (p. 55) automobile; canottiera; neonato; altalena; bambino; cullare; biscotto
Clothes and fashion **Activity 1:** la maglia, la gonna, i guanti, la camicia, i calzini, la maglietta, i pantaloni, il pigiama. (p. 67) (a) I sandali (b) un paio di orecchini (c) la collana (d) il/una boccetta di profumo (e) il profumo spray.
House and garden (clockwise from entrance) (p. 87) L'ingresso; la camera (matrimoniale); la cucina; il salotto con la zona pranzo; il gabinetto;la toeletta; il bagno; la camera degli ospiti/a un letto (p. 94) 1: He who sows the win reaps a tempest. He who doesn't sow doesn't gather. No leaf falls unless God wills it. **2:** 1 FINESTRA 2 INTERRUTTORE 3 PATTUMIERA 4 SCOPA 5 LAVABO 6 TENDA 7 ASCIUGAMANO 8 TAPPETO
Home maintenanace (p. 98) La borsa degli attrezzi; la sega; il trapano elettrico; la chiave fissa/a settore; il martello; le tegole; vietato l'accesso; il segnale di pericolo; i mattoni; la scala; l'elmetto; il cavo flessibile; l'impalcatura; la casa, la punta del trapano; il muro
Work (p. 105) 1g; 2d; 3f; 4h; 5e; 6b; 7a; 8c
Business (p. 113) La macchina da scrivere; il calendario; il telefono; la scrivania; la sedia; il casellario; l'avvolgibile
Computer (p. 115) (a) Il computer (b) la scrivania (c) la sedia (d) la lampada (e) il telefono (f) la busta (g) il calcolatore (h) la penna.
The telephone Making excuses (a) Mi dispiace ma alle dieci devo andare dal dentista. (b) Mi dispiace ma ho perso l'autobus. (c) Mi dispiace ma la macchina non partiva. (d) Mi dispiace ma vado a giocare a golf. (e) Mi dispiace ma ho molto da fare/sono molto occupata. (f) Mi dispiace ma devo mangiare al ristorante.
Hobbies and Sport **Activity 1:** grandissimo/molto grande; medio; piccolo. **Activity 2:** ESCA; ACCIUGA; POLPO; AMO; ARAGOSTA; TONNO; SALMONE; GRANCHIO; BARCA; ANGUILLA (p. 137) **Wordgrid** Orizzontali: 2 tuffo 5 portiere 6 palla 8 sci 9 alpinismo 10 pista 11 manubrio 12 racchetta. Verticali: 1 nuoto 3 ippica 4 ciclismo 5 pallanuoto 7 lotta 8 stecca. (p. 142) Which is the sport? None! (a) prisoner's ball and chain (b) run-up track (c) waistcoat (d) nutcracker (e) comb (f) I'll skip the first course. (p. 143) **Word wheel:** CALCIATORE (p. 143) **Bicycle parts:** il sellino; il manubrio; la ruota; i freni; la catena; il pedale; la pompa.
The body In the sponge bag: pettine; dentifricio; sciampo; limetta; deodorante; saponetta
Health and sickness (1) cervello (2) indigestione (3) varicella (4) unghie (5) stress. The shaded area gives ODIUT = UDITO.
Politics (1) Desidero cambiare questi dollari in lire. (2) Il mercato è al ribasso. (3) Il sermone della Montagna. (4) L'istruzione è un diritto di ogni cittadino. (5) Il falsificatore è stato arrestato. (6) L'imputato è stato assolto per insufficienza di prove. (7) La Digos sorveglia i terroristi. (8) L'assessore alle finanze è stato arrestato dai carabinieri.
Travel and tourism (p. 190) (1) il destinatario di benzina (2) Vietato fumare (3) il tappo del serbatoio (4) il parabrezza (5) il tergicristallo (6) la portiera (7) il bagagliaio/il portabagagli (8) la targa (9) la gomma/i pneumatici (1) il cofano (11) il volante (12) il faro/il proiettore.
The natural world (p. 197) la chiesa; l'albero caducifoglio; la conifera; la palude; lo stagno; le montagne; il castello (p. 201) Nel podere: agnelli; polli; cavalli; oche; conigli; anatre; maiali. In estinzione: balene; tigri; rinoceronti; aquile; orsi; delfini; foche. (p. 206) (1) N (2) NW (3) SE (4) S (5) E (6) W (7) NW (8) SW.
The Earth Austria; Belgio; Danimarca; Finlandia; Francia; Germania; Gran Bretagna/Regno Unito; Grecia; Irlanda; Italia; Lussemburgo; Olanda; Portogallo; Spagna; Svezia
The celestial sphere (p. 214)
Ognuno sta solo sul cuor della terra / trafitto da un raggio di sole:/ ed è subito sera.